BATTLE OF WATERLOO
滑铁卢战役

[英]艾米·贝斯特 编著

尹翎鸥 李宏 译

中国画报出版社·北京

图书在版编目（CIP）数据

滑铁卢战役 / (英) 艾米·贝斯特编著；尹翎鸥，李宏译. -- 北京：中国画报出版社，2021.9（2023.7重印）

书名原文：ALL ABOUT HISTORY：Battle of Waterloo

ISBN 978-7-5146-2025-2

Ⅰ.①滑… Ⅱ.①艾… ②尹… ③李… Ⅲ.①滑铁卢战役(1815) – 史料 Ⅳ.①E194.1

中国版本图书馆CIP数据核字(2021)第155579号

Articles in this issue are translated or reproduced from History of War: Battle of Waterloo, First Edition and are the copyright of or licensed to Future Publishing Limited, a Future plc group company, UK 2018. Used under licence. All rights reserved. All About History is the trademark of or licensed to Future Publishing Limited. Used under licence.

著作权合同登记号：图字01-2021-4019

滑铁卢战役

[英] 艾米·贝斯特 编著　尹翎鸥 李宏 译

出 版 人：于九涛
审　　校：崔学森
责任编辑：李　媛
责任印制：焦　洋
营销编辑：孙小雨

出版发行：中国画报出版社
地　　址：中国北京市海淀区车公庄西路33号　邮编：100048
发 行 部：010-88417410　010-68414683（传真）
总编室兼传真：010-88417359　版权部：010-88417359

开　　本：16开（787mm × 1092mm）
印　　张：12.5
字　　数：290千字
版　　次：2021年9月第1版　2023年7月第4次印刷
印　　刷：万卷书坊印刷（天津）有限公司
书　　号：ISBN 978-7-5146-2025-2
定　　价：68.00元

滑铁卢战役

1815年3月20日，拿破仑·波拿巴从厄尔巴岛逃脱后，再次踏上了巴黎的土地。这一精心策划之举是为了重新赢得法国人民的心，以及由他们的崇拜所带来的权力。在最后一次冒险中，拿破仑和他的军队再次把目光聚焦于削弱反法同盟军，并誓在比利时的滑铁卢取得决定性胜利。本书将和你一起与威灵顿公爵、格布哈德·列博莱希特·冯·布吕歇尔，以及为荣誉而战的英雄们走进霍高蒙特战役和拉海圣战役，真切地了解滑铁卢战役是如何让拿破仑付出最后的一切的。

目录

6 滑铁卢战役

战争之路

16　动荡欧洲
30　拿破仑的崛起
45　铁公爵：威灵顿
60　小岛"皇帝"
71　伟大的冒险

战斗打响

- **84** 决定欧洲命运的将帅
- **100** 三军之战
- **110** 滑铁卢战役的尖峰时刻
- **114** 霍高蒙特血战
- **120** 法军挺进
- **126** 战场：霍高蒙特
- **128** 内伊元帅的误判
- **136** 普鲁士军参战
- **142** 战场：拉海圣
- **144** 拉海圣苦战
- **150** 惜败
- **156** 滑铁卢战役打响
- **158** 皇帝的末日
- **166** 战利品

帝国的毁灭

- **175** 流放中的拿破仑
- **188** 如果拿破仑赢了滑铁卢战役……
- **194** 滑铁卢：19世纪的转折点

106

159

137

17

164

189

滑铁卢战役

随着拿破仑的回归，欧洲再次进入战争状态。这注定是一场终极对决，必将发生很多波澜壮阔的大事件。

拿破仑重返法国
1815 年 3 月 20 日
法国蔚蓝海岸

维也纳宣言
1815 年 3 月 13 日，奥地利维也纳

在拿破仑返回法国的同一时间，他的老对手盟军正聚集在维也纳召开大会。在得知拿破仑逃脱的消息后，他们很快发表了一份宣言，宣称拿破仑是"人民公敌，世界和平的扰乱者"。宣言要求英国、俄罗斯、奥地利和普鲁士等军事大国动员军队，向这位前皇帝发动战争，直至击败他。该宣言的措辞相当强硬，不留有任何商量的余地："他不受法律保护。他的行为向世人证明，与他既不可能和平相处，也不可能休战。"

因被盟军谴责无视法律，迫使拿破仑率领 28 万大军向大约 80 万盟军开战。这 80 万士兵来自欧洲各国，他们决心终结拿破仑的倒行逆施。

1814年4月4日

拿破仑从厄尔巴岛逃脱
1815 年 2 月 26 日，厄尔巴岛

拿破仑一路奋斗，登上了至高无上的权力之巅，所以说他并不是一个缺乏勇气和胆识的人。在他逃离厄尔巴岛的过程中，他的勇气和胆识都得到了惊人的体现。这一突破"牢笼"之举将进一步引发欧洲的冲突。

尽管拿破仑在刚刚抵达厄尔巴岛后就发誓"从现在开始我要像一名太平绅士那样生活"。虽然时时处在武装警卫的监视之下，但他还是设法躲过了他们，巧妙地安排了逃跑的时间。他把时间定在英法船只离开该岛港口的那一刻。拿破仑强征法国双桅横帆船"无常号"，然后带着大约 1000 名士兵驶向法国。

他一到法国，派去逮捕他的士兵便立即跪下，宣誓向他效忠。拿破仑又一次智胜了对手。

里士满公爵夫人的舞会
1815 年 6 月 15 日，比利时

里士满公爵夫人选择于 6 月 15 日晚上在布鲁塞尔举行晚间舞会。鉴于当时的情况，这似乎是一次不合时宜的聚会。

她之所以出现在比利时首都，是因为她丈夫是驻守这座城市的后备部队指挥官。她担心法国入侵，于是她问威灵顿公爵举办晚会是否安全。威灵顿用他一贯平静的口吻说："公爵夫人，你可以安心地举办舞会，不用担心被打扰。"

晚会有条不紊地进行。客人们开始坐下就餐时威灵顿收到了荷兰威廉二世令人不安的消息：拿破仑正长驱直入比利时。到此时，拿破仑已与普鲁士人交手，并通过布鲁塞尔以南 50 英里[①] 处的桑布尔河。

威灵顿立即与其他将军研判军情。随后，参加舞会的大多数男性嘉宾告别他们的妻子，迅速地准备战斗。

① 1 英里约为 1.6 千米。

拿破仑第一次退位
1814 年 4 月 4 日
法国巴黎

▼ 拿破仑没能把握好战机，否则冯·布吕歇尔在利尼战役的失利对盟军来说可能是灾难性的

冯·格奈泽瑙召集普鲁士军
1815 年 6 月 16/17 日
比利时瓦夫尔

拿破仑未能歼灭普鲁士军
1815 年 6 月 17 日，滑铁卢

由于将军们之间的协同混乱，拿破仑错过了在利尼摧毁布吕歇尔部队的绝佳机会。6 月 17 日早上，拿破仑未能乘胜追击狼狈逃窜的敌人，这加剧了他的错误。

拿破仑没有在日落时分出发，而是悠闲地在营地散步，和士兵聊天。直到大约上午 11 点 30 分，他才终于决定派格鲁希将军率领一支 3.3 万人的军队去追击普鲁士军。

贻误战机是致命的，使布吕歇尔的部队得以逃脱，并在瓦夫尔重新集结（多亏冯·格奈泽瑙将军的英明决定，将他们集结在那里）。虽然格鲁希收复了一部分失地，但他也犯了两个代价高昂的错误：他不仅把普鲁士后卫部队误认为是整个英军（因此给拿破仑的印象是敌军人数正在锐减），而且没能将他们就地歼灭。

拿破仑入侵比利时
1815 年 6 月 15 日
法国 – 比利时边界

除了主要军事强国之外，西班牙、瑞典和葡萄牙也签署了宣言

▼ 第二天早上，许多参加舞会的客人穿着舞鞋参加了战斗

1815年6月17日

四臂村战役和利尼战役
1815 年 6 月 16 日，比利时

前一天，拿破仑率领北方军团 12.4 万将士越过边境进入比利时。为了阻止普鲁士军与英军联合，拿破仑打算先击败普鲁士军，然后再对英军采取行动。当威灵顿率领的同盟军驻扎在四臂村十字路口时，拿破仑派遣米歇尔·内伊率领一支分队袭击英军，并占领该路口。把炮架好后，内伊在下午 2 点左右下令炮轰，主动发起进攻。法军全天战果颇丰，但却不得不一一放弃。

拿破仑率领其余的兵力在利尼向普鲁士军队开战。那里的据点多次易手。尽管双方伤亡约有 1.2 万人，但法军还是将普鲁士军赶走了。

▲ 四臂村战役使法军损失了约4000名士兵，而英军损失了近5000名士兵

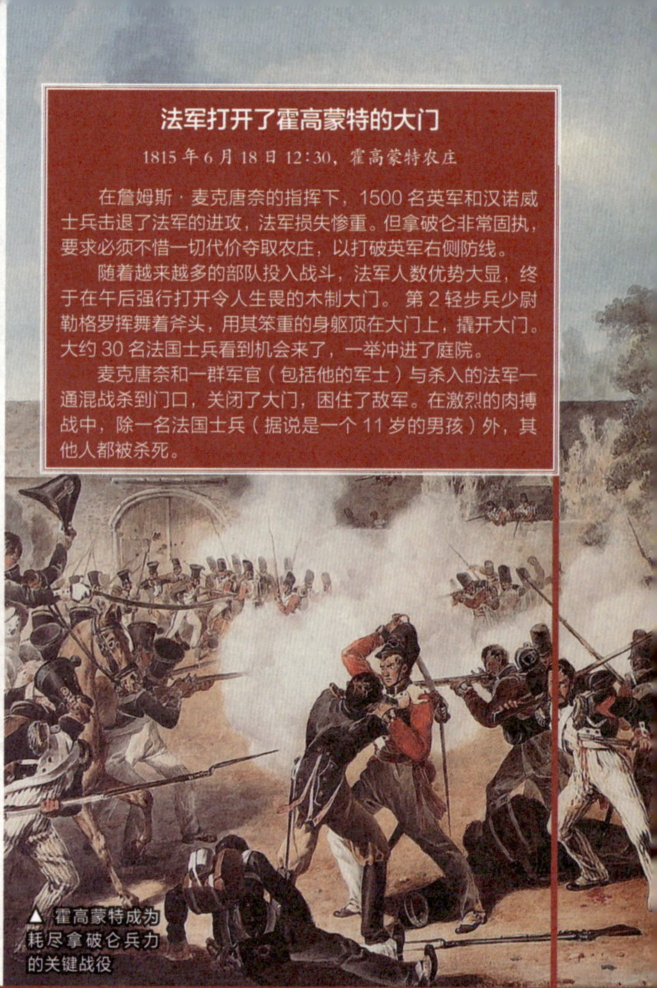

法军打开了霍高蒙特的大门

1815 年 6 月 18 日 12:30，霍高蒙特农庄

在詹姆斯·麦克唐奈的指挥下，1500 名英军和汉诺威士兵击退了法军的进攻，法军损失惨重。但拿破仑非常固执，要求必须不惜一切代价夺取农庄，以打破英军右侧防线。

随着越来越多的部队投入战斗，法军人数优势大显，终于在午后强行打开令人生畏的木制大门。第 2 轻步兵少尉勒格罗挥舞着斧头，用其笨重的身躯顶在大门上，撬开大门。大约 30 名法国士兵看到机会来了，一举冲进了庭院。

麦克唐奈和一群军官（包括他的军士）与杀入的法军一通混战杀到门口，关闭了大门，困住了敌军。在激烈的肉搏战中，除一名法国士兵（据说是一个 11 岁的男孩）外，其他人都被杀死。

在滑铁卢万炮齐鸣

1815 年 6 月 18 日 11:30，滑铁卢

尽管拿破仑认为"在大战前夕不能分散兵力"，但在 6 月 17 日晚上，他还是这样做了。他调离了德·格鲁希将军所率的大批人马。然而，尽管在重重压力之下，他一反常态地犯了错误是可以理解的，但他随后又犯下了更多灾难性的错误，这有点令人费解。

首先，在拿破仑率车前往滑铁卢去攻打威灵顿时，他竟允许他的对手选择作战地点。威灵顿彻底勘察过战场，他知道什么地方可以提供天然掩护，还知道石砌农舍可以用作防御。

其次，拿破仑等到地面充分干了之后才将大炮移动到位。

最后，拿破仑并没有在日出时（约凌晨 3:48）下令开火，而是在上午 11 点左右才发起进攻，将枪炮对准了霍高蒙特农庄的墙壁。当雷耶元帅的炮火一停，拿破仑就命令他的弟弟杰罗姆带领 5000 名士兵对这座严密防守的农庄进行了首次攻击。

▲ 杰罗姆·波拿巴率领步兵攻打霍高蒙特

▲ 霍高蒙特成为耗尽拿破仑兵力的关键战役

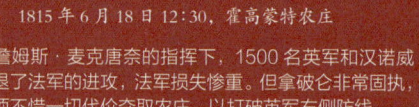

1815年6月18日

威灵顿构筑防御工事
1815 年 6 月 18 日
滑铁卢

▼ 面对法军无情的攻击，威灵顿重新集结了他的部队

拿破仑攻向威灵顿中心

13:00，滑铁卢

随着一波又一波猛烈攻击，威灵顿急忙调遣更多部队来增援被困在霍高蒙特的英军。拿破仑决心保持住优势。他命令 1.8 万名步兵沿着通往布鲁塞尔的道路打击日渐式微的盟军中军。快到帕佩洛特农场时，他们遇到了一小股顽强的荷兰拿骚兵旅。这小股荷兰兵奋力抵抗以保护威灵顿左侧的安全。

虽经过一番激烈的抵抗，冯·萨克森·魏玛上校指挥的这支拿骚兵旅最终还是屈服了，法军占领了该农庄和拉海圣周边地区。拉海圣是盟军另一处势在必得的战略要地。

此时，拿破仑将目光转向了拉海圣庄园，这里能为他提供一个绝佳的位置，可以让炮弹远距离如雨点般地轰向盟军。对拿破仑来说，最终胜利似乎唾手可得。然而，远处的地平线上，普鲁士人正在逼近。

▼ 威灵顿意识到守住农庄非常重要，便急忙赶到战场

拉海圣争夺战
16:00，盟军防线以南

当年轻的英军战士们坚守着普朗瑟努瓦时，戴尔隆的部队开始攻击拉海圣，这是一场激烈的争夺战，争夺盟军重要的防御阵地。

尽管盟军不断地重挫法军，但是戴尔隆还是继续向威灵顿军团的中左翼步步紧逼，并包围了危在旦夕的庄园。凶猛的托马斯·皮克顿看出了戴尔隆进攻的威胁，大胆地发起白刃战，阻止了敌人的攻势，在此过程中他受了致命的枪伤。

这次反击之后，爱德华·萨默塞特勋爵和威廉·庞森比率领骑兵冲锋，旨在遏制戴尔隆的攻势。在冲锋中，庞森比因马陷入泥潭，被法国枪骑兵砍倒。拿破仑眼见夺取庄园受挫，紧急传令召见了米歇尔·内伊。

威灵顿紧急赶至拉海圣
1815年6月18日，14:20
滑铁卢

1815年6月18日

▼ 冯·布吕歇尔一马当先，率领普鲁士军前往滑铁卢

法军骑兵与布吕歇尔交战
15:30，普朗瑟努瓦
（滑铁卢以东5英里）

拿破仑在弄清渐渐逼近的部队身份后，意识到他阻击普鲁士人的唯一希望就是在主战场以东的普朗瑟努瓦拦截他们。因此，他命令青年近卫军指挥官纪尧姆·迪埃姆中将带着他的8个营和24门大炮占领该村庄。

迪埃姆与第6步兵军团指挥官乔治·穆顿会合后，迅速部署士兵进入阵地，占领了距离法军战线不到1千米的普朗瑟努瓦。当第一拨普鲁士军到达村庄时，巷战开始。

尽管以一敌二，但经验更丰富的法军步枪手表现英勇，使缺乏经验的对手恐慌并退缩。为争夺村庄，双方血战了一整天。

▼ 英军骑兵向法军炮兵发起冲锋，以示回敬

内伊攻占拉海圣
18∶15，盟军战线以南

下午 3 点左右，内伊带领 2 个步兵旅再次攻击庄园，但遭到了英军的顽强抵抗。当内伊观察到大量敌军仓惶逃跑时，他猜测敌军已经全面撤退了。于是内伊匆忙集结了大约 5000 名全副武装的骑兵，在没有步兵和炮兵支援的情况下，贸然地冲进拉海圣外的英军方阵。面对巨大攻势，英军坚守纪律，保持阵形，坚决抵抗内伊骑兵的冲杀，并把很多不顾炮火冲上山坡的骑兵从马上击落。

随后，内伊将幸存的骑兵再次召集在一起，进行第二次冲锋。但他又一次被击退，因为英军炮兵坚定不移地、无情地朝他们开火。

在法军把骑兵人数增加至 1 万人时，内伊又调集步兵参战，但仍未取得重大进展。即便如此，英军也没能坚守下去。内伊最终在 18∶15 左右占领了这个庄园。

▲ 米歇尔·内伊亲自率领骑兵冲向英军

胜利！
20∶30，滑铁卢

拿破仑在掷出最后一枚骰子后输了，因为英军持续炮击了最能征善战的近卫军。他为这场赌博付出了高昂的代价。法军势头渐弱，在威灵顿的持续攻击中节节败退。与此同时，普鲁士军（它的统帅布吕歇尔曾誓"我们必须给英军助威"）正从东面赶来，这意味着拿破仑会腹背受敌。有一次，他险些被杀，只因威灵顿命令他的步枪手不要开枪才幸免于难。

随着"救救你自己吧！"的呼声在溃不成军的法军中此起彼伏，拿破仑向一名军官承认了他的失败："一切都结束了，我们战败了。我们离开吧。"然后，他部署撤退，迅速而有序，并一路被忠实的士兵保护着。

随着夜幕降临，拿破仑的马车飞速驶往法国，寻求避难。但随着一队普鲁士燧发枪士兵接近他们时，时运不济的皇帝好运到了头。为了避免被俘，拿破仑迫不及待地骑马逃走，而马车却落入冯·凯勒少校的手中。

1815年6月18日

法军冲锋停了下来
19∶15，盟军战线中军

法军把大炮运到拉海圣，重挫了附近的盟军。整个战役乃至整个滑铁卢战役的结果都取决于威灵顿的部队能否坚持到普鲁士大部队的到来。

面对生死存亡的危局，拿破仑决定派遣 6000 名常胜的帝国近卫军越过盟军前线的山脊，在普鲁士的重兵压境之前最后一搏，试图突破敌军战线并围堵敌人。

这些曾声名赫赫的战士，顶着霍高蒙特内英军的猛烈炮火，迅速穿过战场，登上顶峰，拔出剑，准备进行致命的一击，但他们却忘记了威灵顿公爵也是一位出色的将领。公爵早就命令他的士兵埋伏在高高的草丛中，待时机成熟就命令他们开火。一记杀伤力十足的排枪射击近距离击溃了震惊的法军。

拿破仑到达巴黎
1815 年 6 月 21 日
法国巴黎

▲ 拿破仑酷爱战争，他喜欢那种驰骋疆场的感觉

路易十八进入巴黎

1815年7月8日
法国巴黎

皇帝再一次退位

1815年6月22日
法国巴黎

巴黎条约

1815年11月20日，法国巴黎

盟军确信拿破仑现在不构成任何威胁，因此下一步行动是将巴黎条约的苛刻条款强加于再次复辟的法国波旁王朝。作为战争赔偿，法国被迫向盟国支付7亿法郎，不得不接受国家边界又回到1790年水平的屈辱。另外，根据条约条款，法国还必须承担盟国认为有必要建立的防御设施的巨额费用，允许15万名外国士兵驻扎在法国领土上，并承担驻军费。

拿破仑从厄尔巴岛逃跑返回法国后，获得了热情、广泛的支持，这使得盟国意识到不能再犯同样的错误，这一次必须让法国回归到以前的疆域，并最终提醒人们，曾经统治欧洲的那个人不再具有不容小觑的实力。

▲ 签订条约时，国王路易十八已经重新登上王位5个月

1815年11月20日

盟军入驻首都

1815年7月7日
法国巴黎

拿破仑重返流放生活

1815年10月15日，圣赫勒拿岛

拿破仑于6月21日抵达巴黎。他面临两个选择：要么宣布独裁，迅速掌控法军残余兵力；要么承认他夺回王位的努力失败了，迫使盟国坐到谈判桌前的努力也失败了。对厌倦战争的法国人民来说，幸运的是，拿破仑选择了退位，让位给他的爱子拿破仑二世。

拿破仑在维也纳待了一段时间，试图获得假护照逃往美国。失败后，他在寻求英格兰庇护时又犯了另一个奇怪的错误。直到7月15日，他登上"柏勒罗丰号"并被送到英格兰西南部的托贝时，他的愿望才得以实现。8月7日，拿破仑登上有74门炮的"诺森伯兰号"，开始了为期10周的航程，前往大西洋中部的一个狂风肆虐的小岛——圣赫勒拿岛。盟军显然已经从拿破仑自厄尔巴岛的逃脱中吸取了教训。

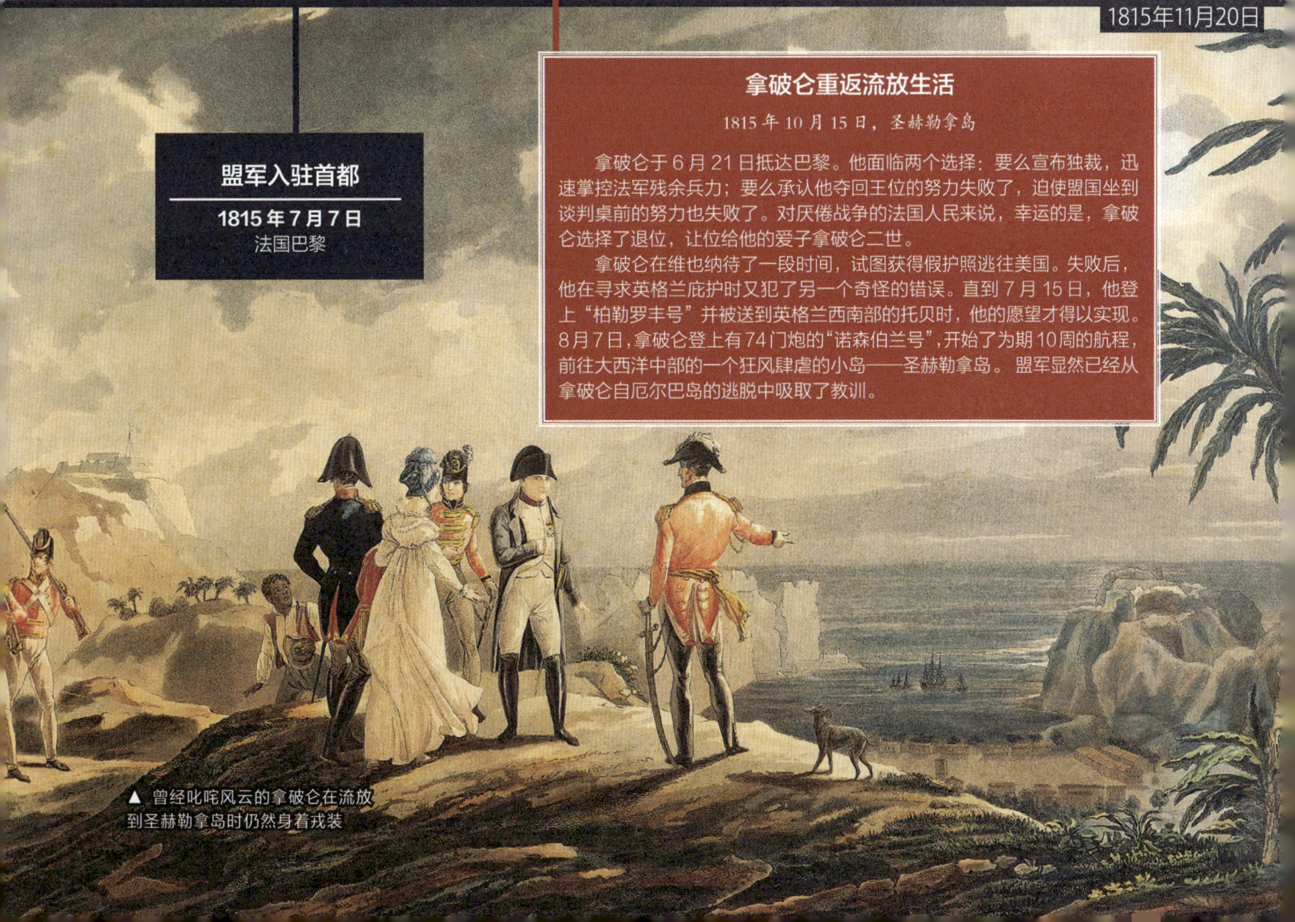

▲ 曾经叱咤风云的拿破仑在流放到圣赫勒拿岛时仍然身着戎装

战争之路

- 16　动荡欧洲
- 30　拿破仑的崛起
- 45　铁公爵：威灵顿
- 60　小岛"皇帝"
- 71　伟大的冒险

30

67

在比利时滑铁卢小镇有一条铺好的路,是拿破仑和他的军队到达17千米以外的布鲁塞尔的必经之路。对盟军来说,在这里阻止他们进军是至关重要的,因为这将阻止拿破仑为了追求权力和荣誉而进一步掌控欧洲。

动荡欧洲

一股社会变革的浪潮首先出现在法国，
对欧洲实行了数百年的君主制构成威胁。

法国阶级斗争和革命的幽灵惊动了欧洲各国的王室。国王路易十六和王后玛丽·安托瓦内特被公开处决后，各国王室集体感受到了寒意。到18世纪末，欧洲陷入了动荡。几个世纪以来，王室统治着整个大陆，他们互相通婚、结盟、交易、建立帝国，并向彼此开战。他们的统治权延续了数百年，紧紧地扎根于源自中世纪的僵化的社会结构中。

欧洲王室靠着他们对神权的诠释和教会的支持在欧洲拥有强大的统治力。但是，不可避免的是，在启蒙运动期间，创新的政治主张和社会思潮不断涌现，被奴役的阶层人口不断增长，而贵族阶层却更加荒淫无度，人们的不满情绪与日俱增。毕竟，是劳动者耕种土地、缴纳税款、参加战争，并服从王室的权力，而王室却往往显得高高在上，鄙视普通民众。

没有人比法国王室贵族更加奢侈无度的了。波旁王朝国王路易十六的宫廷就是靠着剥削劳动者过着奢靡的生活。而在英国及靠法国协助实现独立的新贵共和国美国，普通百姓在议会中有发言权。不同于这两个国家，法国人民除了示威游行之外没有任何可行的手段来推动社会变革。劳动者经常生活在赤贫中，而法国宫廷继续剥削他们，并不进行改革。此外，战争和对美国革命的支持，花费了大量的钱财，使法国陷入破产境地，这种经济的低迷只会使穷人的生活状况变得更糟。

与此同时，既不富裕也不贫穷的中产阶级，即资产阶级的悄然兴起开始影响法国的社会阶层。这个新兴的中产阶级仍然没有政治发言权或投票权。但是，他们控制了生产资料，进一步动摇了法国君主制岌岌可危的经济基础。在整个18世纪后期，反对法国贵族的势力持续增长，并且在1789年春天爆发了一场公开的革命风暴。

在大革命的动荡中，在法兰西第一共和国建立的过程中，欧洲君主制面临着对其数百年来统治权力的挑战。这种挑战很具感染性，失控地在整个欧洲大陆蔓延。在随后的十几年中，武装冲突接连不断。法兰西共和国不断地与反法同盟作战，从而导致拿破仑·波拿巴崛起，他将战争延续到1815年，并最终战败。

法国王室贵族的奢华极其过分。在那里,波旁王朝国王路易十六的宫廷靠着剥削劳动者过着**奢侈的生活**。

▲ 雅克-路易斯·大卫的这幅标志性油画描绘了坚定的拿破仑·波拿巴在意大利取得战役胜利期间翻越阿尔卑斯山时的场景

▲ 法国的一场金融危机促使1789年5月在凡尔赛宫召开三级会议

法国

路易十六的宫廷无视人民的不满,在革命期间付出了鲜血的代价。

法国波旁王朝第一位国王亨利四世于1589年登基。200年后,这个王朝的统治宣告结束。国王路易十六主政时,法国经历了一段前所未有的金融动荡和社会动乱,最终使得法国君主制倒台,并于1792年9月21日被正式废除。法国大革命早在1789年春天就开始了。波旁王朝曾经蓬勃发展,在它的鼎盛时期,其统治范围包括西班牙、西西里岛、那不勒斯和帕尔马公国。

经济低迷加速了法国波旁王朝的垮台。路易十六时期因财政严重入不敷出,农民和穷人生活得十分困苦。此外,法国为争夺帝国霸权频频对外发动战争,尤其是对英国的战争,代价高昂。

七年战争的惨败使法国失去了许多殖民地,并使法国债台高筑。

一些法国人质疑法国对美国独立战争的支持,这场革命花费了数百万法郎。法国派遣了1万多名士兵和大部分舰队再次与英国作战。尽管战争取得了胜利,但投资收效甚微。英国人最终被击败的事实并不能让人感到一丝安慰。

沉重的财政负担迫使路易十六在1789年春

▲ 1793年10月16日,玛丽·安托瓦内特在巴黎被处决。这震惊了欧洲君主制国家

> 1792年4月20日，面对周边君主国的入侵威胁，法国向奥地利、普鲁士和皮埃蒙特宣战，引发了第一次反法同盟战争。

天召开了三级会议。1790年夏天，这个会议迫使国王接受了一部限制他权力的宪法，并为他的彻底倒台奠定了基础。次年春天，路易十六试图逃离首都巴黎，在与奥地利和荷兰交界的蒙梅迪与据说忠于国王的布耶侯爵联合起来。

然而，他和王后玛丽·安托瓦内特及年幼的儿子路易斯在瓦雷纳被捕入狱。这显然对欧洲其他君主国产生了威胁。甚至在1793年1月路易十六、次年10月玛丽·安托瓦内特被处决之前，反法联盟就已建立，并开始抵制法兰西共和国，因为它已经宣布自己与所有君主立宪制国家对立。

1792年4月20日，面对周边君主国的入侵威胁，法国向奥地利、普鲁士和皮埃蒙特宣战，引发了第一次反法同盟战争。尽管盟军的联合力量让法国不堪重负，但该联盟未能发挥出凝聚力。在路易和玛丽·安托瓦内特被处决后，英国加入了对法兰西共和国的战争。在最初几次战败之后，法军通过"全民动员令"招募身强力壮的士兵入伍参战，壮大了队伍，并取得了明显的效果。

尽管革命的法国最初宣战是为了自卫，但最终冲突演变成了征服。战场上的胜利，特别是年轻的拿破仑·波拿巴的胜利，迫使其他各国在领土上做出让步，并分别与法国签订和平协议。最后，只剩英国这个法国的宿敌继续与第一共和国为敌。

> 18世纪后期，神职人员和贵族占法国人口的5%，但他们几乎不纳税。

▲ 国王路易十六的盛装肖像画。他在法国大革命期间被囚禁并被处决

大英帝国

在法国大革命时期，英国是欧洲经济最强大的国家。

在法国大革命期间和拿破仑战争前夕，英国可能是欧洲最稳定的君主政体。庞大的大英帝国提供了财富，刺激了商业发展，而工业化则带来了一定程度的生产力，令欧洲其他国家羡慕不已。英国为压制法兰西共和国的迅速发展，为打压拿破仑·波拿巴提供了大部分资金，直到1815年法军在滑铁卢战败，拿破仑的鼎盛时期结束为止。

英王乔治三世是德国汉诺威王室的第三任英国君主，于1760年登基。他热爱英国，从未去过汉诺威，把英语作为他的第一语言。在国王路易十六和王后玛丽·安托瓦内特被公开处决后，他特别反对法国大革命的过激行为。美国独立战争后，尽管英国失去了在北美的大部分殖民地，但乔治三世仍然是一位受爱戴的国王。法国大革命不仅威胁着英国王室，也威胁着英国的实业家和富裕的地主。他们害怕"自由、平等、博爱"的理念会带来使财富和生产资料再分配的运动。他们还对"恐怖统治"时期公开处决这种暴行感到畏惧。

英国在法国大革命时期的政治领袖是首相威廉·皮特，他也被称为小皮特。皮特是一个精力充沛、才华横溢的人，也是一个性格矛盾的人物。他想要推行因欧洲大陆出现动乱而不得已推迟的社会改革。他资助了一些联盟组织，因为这些组织试图遏制法国输出革命思想。他强征赋税以缓解财政压力，包括在第一次反法同盟战争期间，为了维持一支至少6万人的作战力量，英政府向普鲁士提供了巨额补贴。

虽然英国在法国大革命爆发时保持中立，但

▲ 在英国参加第一次反法同盟战争时，首相威廉·皮特在议会发表讲话

有时有些国际冲突太过火，包括法国对其他欧洲君主制国家怀有敌意以及威胁入侵荷兰，迫使英国在1793年加入了第一次反法同盟战争。在接下来的23年里，英国经常与革命时期的法国及拿破仑统治下的法国交战。那时的法国时时扬言要入侵英国，对英国来说，这将是一场梦魇，很可能以亡国告终。

这种敌对国家之间的冲突逐渐演变成意识形态的斗争，即为革命的自由主义而斗争。拿破仑接过这一使命，与英国君主立宪制的捍卫者进行斗争。虽然英国皇家海军在海上屡获胜利，但要发展一支足以在陆地上与拿破仑抗衡的强大军事力量，英国还需要时日。

在大革命时期，大英帝国成为日益帝国主义化的法国不共戴天的死敌。在整个斗争过程中，英国是独立的，是唯一从未与法国结盟或与法国政府签署不平等条约的欧洲大国。

> 大不列颠的主要军事力量是皇家海军，它将英国的势力范围扩展到了全球。

▲ 英国国王乔治三世一直是该国君主，长达60年，直到1820年去世

在接下来的 23 年里，英国经常与革命时期的法国及拿破仑统治下的法国交战。那时的法国时时扬言要入侵英国。

普鲁士

普鲁士最初是支持法国大革命的，但后来改变了其政治和军事路线。

到18世纪晚期，霍亨索伦家族在普鲁士的显赫地位已经持续了近300年。腓特烈·威廉二世是著名的腓特烈大帝的侄子。1786年，在他的叔叔去世后，他继承了王位。普鲁士的实力基础是其强大的军队；然而，与他的前任不同，腓特烈·威廉对军事事务没有什么兴趣。他把军队训练和培养团队精神的责任委派给他人，这样做后来让国家付出了沉重的代价。法国大革命在爆发初期受到普鲁士许多杰出领导人的欢迎。事实上，普鲁士的外交部长埃瓦尔德·弗里德里希·冯·赫茨贝格伯爵痛恨法国波旁王朝，认为它是一个由无能之人管理的腐朽政权。腓特烈·威廉在革命初期也支持革命。除思想开明外，普鲁士人也是务实的。法国王后玛丽·安托瓦内特是奥地利人，因此两国在法国大革命时期存在着某种联盟。尽管有着共同的德意志血统，但普鲁士和奥地利曾一度是对手。法国大革命结束了两国联盟，并孤立了奥地利。尽管它们的分歧不止一次几乎升级为战争状态，但普鲁士和奥地利在1790年夏天达成了一项协议，随后腓特烈·威廉放弃了与革命的法国结盟。相反，普鲁士摆出了敌对的姿态。年迈的冯·赫茨贝格被免职，取而代之的是主张对法国宣战的约翰·鲁道夫·冯·比肖夫韦德。比肖夫韦德于1791年夏天前往奥地利首都维也纳，并就7月25日签署的《维也纳公约》进行了谈判。该公约规定了奥地利和普鲁士结盟的原则。这两个国家的军事联盟对革命的法国构成了相当大的威胁。

在《维也纳公约》签署1个月后，腓特烈·威廉和神圣罗马帝国皇帝奥地利大公利奥波德二世发表了《皮尔尼茨宣言》。该宣言既不是战争宣言，也不是战略倡议书；相反，它是联合反对法国大革命的声明。

1792年4月20日，在革命的法国对奥地利宣战3个月后，不

> 18世纪中期，普鲁士在七年战争中取得了军事上的成功。到法国大革命时，它的国土面积几乎翻了一倍。

▼ 第一次反法同盟战争期间，普鲁士军队在瓦尔米战役中遭遇了意外惨败

> 普鲁士外交部长埃瓦尔德·弗里德里希·冯·赫茨贝格伯爵痛恨法国波旁王朝，认为它是一个由无能之人管理的腐朽政权。

伦瑞克公爵率领一支普鲁士军队入侵法国，意欲进军巴黎。他们在瓦尔米与法军交战，但被彻底击败。普鲁士军作战效率的低下是显而易见的，致使当时的观察家对战斗结果都感到震惊。这是在革命战争期间普鲁士军与法军第一次重大的陆战。

在连续不断的军事挫折后，普鲁士在领土上做出让步，并于1795年4月5日签署了《巴塞尔和约》，退出了第一次反法同盟。腓特烈·威廉二世于1797年秋去世，他的儿子腓特烈·威廉三世继承了王位。在1806年第四次反法同盟战争之前，腓特烈·威廉三世并没有与法国进行军事对抗，其结果对普鲁士来说是灾难性的——它暂时沦为法国的附属国。

俄国

在法国大革命之前和革命期间,俄国一直与邻国处于战争状态。

叶卡捷琳娜二世,更广为人知的名字是叶卡捷琳娜大帝,从1762年开始统治俄国,直到1796年去世。她出生在德国,通过联姻成为罗曼诺夫家族一员。在一次政变中,她的丈夫沙皇彼得三世神秘死亡,之后她继承了皇位。

在她执政期间,俄国的声望稳步上升。通过对奥斯曼帝国的军事胜利、分裂波兰-立陶宛联邦和对阿拉斯加实行殖民统治,俄国领土得以扩张。1783年,吞并了克里米亚。

虽然是俄国的绝对统治者,但她也是启蒙运动的热情支持者,并受到夏尔·路易·德·塞孔达,即孟德斯鸠男爵的著作启发,后者是那个时期法国最重要的思想家和作家。叶卡捷琳娜接受了启蒙运动的理念,在俄国发起了改革。改革涉及社会的许多方面,包括法律、妇女教育和经济。她延续彼得大帝的传统,继续把俄罗斯帝国带向西方。作为一个开明专制(enlightened despotism)的君主,叶卡捷琳娜大帝也是俄国启蒙运动的推动者,促进了艺术和科学的发展。

随着1789年法国大革命的爆发,俄国也卷入了与瑞典的战争中,而叶卡捷琳娜对启蒙运动理念的推崇使她在一开始就支持革命。然而,随着动乱的持续,她对持续的暴力和阶级斗争不再抱有幻想。最终,她否定了她先前信奉的许多启蒙运动的思想主张。

俄国没有参加第一次反法同盟战争。叶卡捷琳娜于1796年去世时,战争仍未结束。她与儿子保罗一世有些疏远,也不打算让他继承皇位。

相反,她偏爱她的孙子亚历山大,在她突然死于中风前,她已经下旨不让她的儿子继承皇位。据说,亚历山大知道那份可以使他成为俄国沙皇的文件,但不敢公开它的存在。

1798年,俄国加入英国、奥地利、奥斯曼帝国和其他国家的行列,参加了第二次反法同盟战争。由亚历山大·苏沃罗夫将军指挥的俄军在意大利暂时挫败了法军,而其他国家则与英国一起入侵荷兰,但失败了。1799年9月,在第二次苏黎世战役中,法军决定性地击败了俄国、瑞士和奥地利的联军。俄国随后退出了第二次反法同盟。

保罗一世的统治只持续了5年。他于1801年3月23日遇刺身亡,继任者是叶卡捷琳娜最初选择的亚历山大一世。亚历山大一世与普鲁士结盟,结束了与英国的冲突,并开始与神圣罗马帝国的弗朗茨二世进行外交对话。亚历山大一世最初对拿破仑和法国表示钦佩。但后来他认为,这位法国统治者不过是"世界上最著名的暴君"。

她已经下旨不让她的儿子继承皇位。

> 幅员辽阔的俄罗斯帝国是迄今为止欧洲的最大帝国,其版图一直延伸到太平洋。

▲ 俄国的叶卡捷琳娜大帝是一个开明的专制君主。她在法国大革命后摒弃了许多启蒙运动的思想主张

奥地利

作为坚定的保守派，奥地利皇室反对法国大革命，并准备摧毁它。

神圣罗马帝国的第一位皇帝是查理曼大帝，于800年加冕；最后一位是奥地利的弗朗茨二世，在1806年奥斯特里茨战役中被拿破仑的法国军队彻底击败后退位。即便帝国已经解体，奥地利仍然强烈反对拿破仑时代的法国。在第三次反法同盟战争惨败之前，奥地利是法国革命的劲敌。哈布斯堡家族及其继任者哈布斯堡-洛林家族自1438年以来一直统治着奥地利和神圣罗马帝国。到法国大革命时，君主制一直根深蒂固。奥地利女大公、弗朗茨二世的姑姑玛丽·安托瓦内特在1770年4月嫁给了法国国王路易十六，成立了哈布斯堡家族和波旁家族的政治联盟。

1793年10月16日，玛丽·安托瓦内特在巴黎革命广场被革命者公开斩首。对她的处决激怒了奥地利统治者。同时，法国激进分子对所有欧洲君主制国家公开表示蔑视也直接威胁到奥地利皇室的稳定。随着第一共和国的法国军队在第一次反法同盟战争中占据上风，这一威胁越来越令人担忧。

在解决了与普鲁士的分歧之后，利奥波德二世（弗朗茨的父亲，玛丽·安托瓦内特的兄弟）与普鲁士国王腓特烈·威廉二世一起发表了《皮尔尼茨宣言》。该宣言呼吁欧洲其他国家在路易十六受到威胁时进行干预，但同时也警告，除非其他欧洲国家也这样做，否则奥地利不会参战。1792年3月1日，就在革命的法国向奥地利宣战的几天前，利奥波德二世去世，弗朗茨二世登上了哈布斯堡王朝的宝座。据说，他对姑姑玛

> 奥地利是神圣罗马帝国的一部分，其历史可以追溯到中世纪，1806年瓦解。

丽·安托瓦内特的命运漠不关心,几乎不记得她。他不愿向法国政府作出任何让步,导致关于她出狱的谈判破裂。

在第一次反法同盟战争期间,弗朗茨曾亲自领导了奥地利军队一段时间。但法军扭转了战局,掌握了主动权,一口气冲过边界,迫使普鲁士和奥地利联军撤退。拿破仑在意大利连连获胜迫使奥地利坐到谈判桌前,在1797年10月18日签订《坎波福米奥和约》,结束了第一次反法同盟战争。同盟伙伴中只剩下英国仍在与革命的法国交战。

然而,在该条约签署仅5个月后,法国又一次与同盟国开战。这一次包括奥地利、英国、俄国、奥斯曼帝国、葡萄牙、那不勒斯和其他国家。第二次反法同盟战争取得了初步的胜利,但并不比第一次反法同盟战争更成功。1799年年底,拿破仑在法国掌权,俄国退出了这个难有作为的同盟。1801年签订的《吕内维尔和约》使法国获得了新的领土,而第二次反法同盟则逐渐解散。在接下来的14年里,奥地利不时地与法国交战。

▼ 维也纳是法国大革命时期奥地利和神圣罗马帝国的首都

拿破仑的崛起

一位出生在科西嘉岛默默无闻的军官,成为了一位伟大的征服者和法国皇帝。

拿破仑登上权力的巅峰之路是一条非凡的、奇幻的而又令人着迷的曲线,这条曲线在世界历史上游走了30多年。

▲ 在雅克-路易·大卫的这幅画中,拿破仑在他的皇帝加冕典礼上将王冠高高举起

拿破仑·波拿巴曾言简意赅地说："我在阴沟里发现了法国的王冠，我只是把它捡了起来。"他的叙述是极其轻描淡写的。拿破仑也许是19世纪白手起家的最卓越的代表。他在法国军队中从无名之辈一步步崛起，穿越政治权谋的迷津，成为那个时代最重要的军事家、战略家和征服者，并最终成为法国的皇帝。

拿破仑登上权力的顶峰之路是一条非凡的、奇幻的而又令人着迷的曲线，这条曲线在世界历史上游走了30多年，至今仍对世界产生着影响。与许多伟人一样，拿破仑是动荡时代和全面政治变革的受益者。他幸运地接受了比普通人更好的教育，因而拥有了非凡的才智和建功立业的雄心。

拿破仑于1769年8月15日出生在科西嘉岛首府阿雅克肖镇。就在前一年，热那亚王国将科西嘉岛割让给了法国。如果拿破仑早几个月出生，他就会是意大利人，而不是法国公民了。他的父母是低等贵族：他的父亲卡洛·波拿巴曾是法国国王路易十六驻该岛的宫廷代表；他的母亲莱蒂西亚·拉莫利诺是一位极其严于律己的人，也是对年轻拿破仑影响最大的人。他在出生时叫纳波莱奥内·迪·波拿巴，但在20多岁时，他把自己的名字改成了更接近法语的拼写和发音：拿破仑·波拿巴。

拿破仑是7个孩子中第2个未在婴儿期夭折的：他的一个弟弟和一个妹妹早夭，他有一个兄弟名叫约瑟夫，年长他几岁。拿破仑曾就读于法国欧坦市的一所天主教学校。1779年年初，他和约瑟夫在父亲的陪同下前往那里，当时他的父亲正努力走上仕途，想在凡尔赛宫谋得一席之地。

当时，贵族家庭的次子到军队中谋求发展是社会惯例。在欧坦待了仅4个月之后，拿破仑被布列讷堡镇的军事学院录取，并在那里学习了4年。父亲为保障他的学业想方设法为其获取奖学金。科西嘉语是他的第一语言，他又在上学期间学会了法语。

从布列讷堡军事学院毕业后，拿破仑进入了位于法国首都巴黎的精英军事学院——巴黎军事

3万名法国人拥上海岸，将自由的宝座淹没在血腥的波涛里。

◀《法国第一执政官：拿破仑》，让-奥古斯特-多米尼克·安格尔绘

▲ 在巴黎街头,拿破仑指挥军队击退了保皇党对法国革命政府的进攻

法国大革命为这位雄心勃勃、才华横溢、能言善辩、干劲十足的年轻军官开启了通往权力之路的大门。

学院。他的父亲于1785年2月去世,使他经济困顿,求学深造受阻。然而,拿破仑展现出的一些与生俱来的品质帮他咬牙坚持渡过了这一难关,这些品质对他以后的发展大有裨益。他专注、坚忍、自律,并且拥有不可思议的精力。尽管他喜欢独处,但他还是在巴黎军事学院广交朋友。他善于谋划,无论是考试还是其他活动都会做好充分准备。

最初,拿破仑渴望成为一名海军军官。然而,他的数学天赋使他转到炮兵部队。出于经济原因,他在短短一年内完成了两年制课程,在58名毕业生中排名第42位。拿破仑是第一位从享有盛誉的军校毕业的科西嘉人,16岁时就被任命为拉费尔炮兵团少尉。但由于他的社会地位较低,晋升前景相当黯淡。法国波旁王朝僵化的阶级结构是他晋升的巨大障碍。

在法国大革命处于萌芽状态之际,拿破仑已经完成了在欧索讷市法国陆军炮兵学校的进修。他奉命前往法国东南部的瓦朗斯镇,在那里几乎没有什么与军事有关的活动。他把大量时间用来

拿破仑与教会

这位著名的法国领导人承认宗教在人民生活中发挥着重要作用。

尽管拿破仑·波拿巴认为罗马天主教会更喜欢奥地利的天主教君主政体，而不是法国的革命政府，但他从未否认这一体制，并承认它在社会结构中的重要作用。拿破仑从出生起就是天主教徒，并在临终前接受了教会的最后圣礼。无论他率领军队走到哪里，都表现出他的务实和宽容——尊重不同的宗教习俗，并允许当地人民沿袭其习俗。

然而，拿破仑个人的宗教观点似乎有些矛盾。在永不满足的野心驱使下，他通过武力建立了一个帝国。但据说在他后期的生活中，他钦佩耶稣能够用爱和救赎的理念如此深刻地影响历史的进程。尽管他从小接受天主教教育，但他曾说，"所有的宗教都是人类创造的。"因此，拿破仑很可能将表达宗教信仰的自由权利视为对大众控制的一种工具，这种工具有助于他建立一个无与伦比的帝国。

对于拿破仑是真的信仰上帝，还是利用他与天主教会的与生俱来的纽带来推进他的征服计划，学者们仍然存在分歧。

▲ 教皇庇护七世于1800年至1823年在位。他见证了拿破仑作为法国皇帝的加冕仪式

读书，研究时局，涉猎了大量历史、地理和哲学书籍。

拿破仑向部队请了为期两年的长假，游历了巴黎，然后回到了他的家乡科西嘉岛。毫无疑问，他敏锐地意识到法国正在发生政治动荡，尤其是大城市里的贫穷工人，已经对贵族无休止的剥削感到失望和愤怒，而那些贵族却继续过着奢华的生活，对普通老百姓不屑一顾。

爱国情怀、政治与机遇

因拿破仑身处法国贵族阶层边缘，他的职业发展明显受限。他的个人遭遇、持之以恒的自我学习及对故乡的深切依恋，在这位年轻的军官的心中形成一种特有的科西嘉民族主义情结。

1789年5月，在不到20岁时，拿破仑成为科西嘉岛独立运动坚定而热心的拥护者。他给科西嘉岛人民议会执行委员会主席帕斯奎尔·保利写了一封慷慨激昂的信。

"我生在民族灭亡之际。"拿破仑写道，"3万名法国人拥到海岸上，将自由的宝座淹没在血腥的波涛里。这是最先让我感到恶心的景象。"

同月，法国人民的不满情绪爆发为暴力革

命。在巴黎，中产阶级组成了国民议会，公开反对法国的君主制、贵族阶层和罗马天主教会的统治。数周之内，一群愤怒的暴民冲进巴黎的巴士底狱，释放了囚犯。内乱迅速蔓延。

与此同时，拿破仑在科西嘉卷入了敌对派系之间的冲突。民族主义者、激进派和保皇派竞相争夺该岛的控制权。虽然他支持科西嘉独立，但不同意保利的政见，开始倾向于一个更民主的组织——雅各宾派，而保利主张与法国彻底断绝关系。

1792年，法国君主制被推翻，法国宣布成立共和国。尽管拿破仑长期远离军队，但因在科西嘉岛领导反对法国军队的暴力示威活动，他被提拔为法军上尉，回到尼斯城的部队中。

法国大革命为这位雄心勃勃、才华横溢、能言善辩、干劲十足的年轻军官踏上权力之路打开了大门。受雅各宾派思想影响的"恐怖统治"意在将一个被革命、反革命和街头骚乱破坏的国家把控于股掌之间，这导致法国军队中的贵族阶层的高级军官大量消失。此外，波旁王朝的覆灭还威胁到欧洲其他君主制国家的安全与稳定。

当恐惧让整个欧洲大陆统治者感到不安的时候，合乎逻辑的行为便是对法国革命政府采取军事行动，恢复波旁王室的王位，平息法国的动乱，并打压各种让社会变得混乱的政治主张。

1792年，由奥地利、英国、普鲁士、俄国和其他国家组成的第一次反法同盟成立。这个松散的同盟与法兰西第一共和国开战。法军缺乏经验丰富的高级军事指挥官，而且队伍中有许多士兵几乎没有受过训练，纪律涣散，毫无经验。法军需要有能力的将帅，这为拿破仑的崛起创造了越来越有利的条件。

1793年夏天，这位年轻的炮兵上尉被派到地中海沿岸的土伦。一支强大的英国舰队驶入港口，他们支持保皇派起义，并让地面部队有效地控制这座城市。在土伦的战斗中，法军炮兵上尉受了伤。

随军到土伦的特派员安托万·萨利切蒂是科西嘉人，恰巧是波拿巴家族的朋友。拿破仑借助他的影响被任命为土伦炮兵部队的指挥官。

与此同时，拿破仑的上级指挥官表现得十分软弱、能力不足。拿破仑与萨利切蒂友谊深厚，而萨利切蒂与巴黎公共安全管理委员会（包括大权在握的奥古斯丁·罗伯斯庇尔）接触密切。他们都默许这位年轻炮兵指挥官掌控土伦的军事行动，完全不顾忌名义上的指挥官让·巴蒂斯特·弗朗索瓦·沙托将军的抗议。

9月，拿破仑被提升为少校。凭着对敌我双方战略形势做出的迅速判断，他给巴黎的领导人写信，说他在土伦的上司是"一群蠢货"。拿破仑认为把英国舰队赶出港口的关键在于占领附近的高地和两个要塞——埃吉耶特和巴拉基耶。占据这两处，敌舰就会在法军大炮的射程之内，就不得不撤离港口。沙托同意了他的作战部署，但坚持由自己指挥对高地英军的首次攻击。这次攻击失败后，波拿巴接管了指挥权，继续攻打要塞。

几天之内，拿破仑就建好了用来轰炸英军要塞的炮台。12月16日，他又发起了一轮攻势。在战斗中，拿破仑受了重伤。

尽管如此，要塞还是被法军成功占领，敌军舰队撤出土伦，年轻的炮兵少校因出色的指挥才能受到了极大褒奖。年仅24岁时，他被破格提拔，晋升为准将。

雅各宾派，危机四伏与凯旋

1794年春，拿破仑已被提拔为意大利军团的炮兵指挥官，随后在意大利北部山区与奥地利

金字塔战役

拿破仑率领的法军击败了抵抗的马穆鲁克军队,并暂时占领了埃及。

1798年7月21日,法军与穆拉德·贝伊和易卜拉欣·贝伊指挥的马穆鲁克军队开战。战前拿破仑·波拿巴高声鼓舞他的士兵:"前进!记住,那边建于4000年前的金字塔正俯视着你们。"战场距离古建筑只有几英里,距开罗也不远。金字塔战役的胜利为法军暂时征服埃及奠定了基础,尽管这场战争最终以失败告终。在战斗中,拿破仑采取了有效的战术来对付马穆鲁克的精锐骑兵部队。法军组成了步兵方阵,用密集的步枪和刺刀组成了一个坚固的防线来迎战马穆鲁克骑兵的冲锋。

在炮火的支援下,他们多次击退了马穆鲁克军队的冲锋,同时也击退了敌军对一支独立的法军小分队的攻击。法军29人死亡,260人受伤,而马穆鲁克军的死伤据称超过3000人。

尽管取得了一边倒的胜利,但10天后,英国皇家海军在尼罗河战役中击败了拿破仑。拿破仑在中东建立帝国的希望也随之破灭。

▲ 在由弗朗索瓦·路易·约瑟夫·沃托描绘的金字塔战役中,这座古老的建筑立于火红的天空之下

和撒丁王国作战。

4月,拿破仑筹划了索尔吉奥之战,击败了第一次反法同盟军。随后的连续胜利迫使奥地利和撒丁在5月与法国签署了和约。

然而,巴黎的时局仍然动荡不安。1794年7月,雅各宾派在热月政变中被迅速赶下台。

"恐怖统治"的中心人物马克西米连·罗伯斯庇尔和他的兄弟奥古斯丁一起被送上了断头台,而奥古斯丁是拿破仑的朋友和恩人。拿破仑在此期间在尼斯被软禁,据推测是因为他与罗伯斯庇尔兄弟和其他雅各宾派的关系。据说,他在软禁期间写了一封信,恳求国民大会宽大处理他的朋友萨利切蒂。萨利切蒂随后被无罪释放,逃过了一劫。

关于拿破仑被监禁的说法各不相同。一些人断言,他被软禁了短短两周。其他人说,他被监禁了几个月,接受了审判,并被判无罪。事实上,据报道,那些审判他的人对这名军官的出色战绩印象深刻。1795年,拿破仑回到巴黎。由于不想担当步兵指挥官,他假装身体不好,被分配到测绘局。对炮兵军官来说,在旺代地区指挥与保皇党作战被认为是降级。

尽管拿破仑在土伦战役中的功绩使他成为民族英雄,但他受雅各宾派的政治牵连及拒绝担任旺代战役的指挥官,导致他的声誉受损。他的生活拮据,名字也从现役军官名单上被除掉了。

但命运又一次青睐了这位雄心勃勃的科西嘉人。1795年10月3日,巴黎数百名保皇党人走上街头,意图冲进杜伊勒里宫,因软弱的国民公会和督政府在那里避难。保罗·巴拉斯是热月政变的主要参与者,他记得拿破仑在土伦战役中表现突出,因此让这位名誉扫地的将军负责保卫杜

10月5日，当愤怒的保皇党成员逼近杜伊勒里宫时，拿破仑没有退缩，下令开火。几分钟之内，多达1400名保皇党成员倒毙街头。

伊勒里宫。拿破仑毫不犹豫地抓住了这个机会，命令年轻的骑兵军官若阿尚·缪拉为即将到来的战斗调集军队和大炮。

10月5日，当愤怒的保皇党成员逼近杜伊勒里宫时，拿破仑没有退缩，下令开火。几分钟之内，1400多名保皇党成员倒毙街头。英国历史学家托马斯·卡莱尔说，这项残酷的任务是在"一阵密集的枪炮声"中完成的。

拿破仑赢得了国民公会的感激、缪拉永久的忠诚，后者后来成为了他的高级军事指挥官之一。很快，拿破仑被任命为内政司令官，统率意大利军团。与此同时，他与贵族遗孀约瑟芬·德·博阿尔内的浪漫恋情也开始了。约瑟芬·德·博阿尔内曾是巴拉斯的情妇，她的丈夫在"恐怖统治"期间被处死。5个月后，拿破仑就和约瑟芬结婚了。

蜜月很短暂。1796年3月11日，也就是这对夫妇结婚的两天后，拿破仑出发去指挥意大利军团。这是一支战斗力并不强的部队。由于装备简陋，许多士兵没有合适的制服，甚至连像样的裤子都没有。尽管如此，拿破仑还是表现出了高超的组织能力，并在意大利发起了一场对奥地利

▲ 1793年12月，拿破仑率领军队占领土伦港周围的高地后，英军撤离

军队的闪电战。他快速不停地调动军队，让敌人疲于奔命追赶，奥地利的盟友皮埃蒙特的军队仅仅在两周内就被击败了。1797年1月，法军取得了四连胜，并在里沃利取得了决定性的胜利，而奥军伤亡达1.4万人。奥地利人在意大利的阵地变得不堪一击，拿破仑更是大胆地成立突击队，直捣敌国老巢。1797年3月，法军在塔维斯战役中击败奥军后，威胁到奥地利的首都维也纳。10月中旬，奥地利签署了《坎波福米奥和约》，提出和平提案，并将意大利北部和低地国家的大部分地区割让给法国。

拿破仑对奥地利之战的神来之笔导致第一次反法同盟解体。《坎波福米奥和约》签订后，只有英国仍然是法军的对手，依然很活跃。然而很快，第二次反法同盟军卷土重来，挑战拿破仑。这位法国指挥官的军事天才已经在战场上得到了证明。他赢得了法国军队的钦佩和忠诚，赢得了法国人民的赞誉，同时也赢得了"小下士"的绰号，因为他从未远离战场。

与此同时，他经常自作主张，在没有巴黎政府授权的情况下自行谈判。在这个过程中，他坚信自己是一个具有天赋使命的人。巴黎的政客们对他的成功赞叹不已，但仍对这位军权在握、信心十足的将军心存警惕。

在英国与法国针锋相对的时候，拿破仑筹划了一场充满风险但可能全面胜利的大胆进攻计划。他认为，征服埃及能从根本上动摇英国在印度的利益，同时，法军也可在中东站稳脚跟，与穆斯林结成反英联盟，这将使敌人必败无疑。

1798年年初，拿破仑成功入侵埃及，但法国海军却无法控制地中海。

在8月的尼罗河战役中，法军遭遇霍拉肖·纳尔逊勋爵指挥的英国皇家海军后惨败。随后，法国军队因没有安全的补给线而在中东陷入

▲ 拿破仑的父亲卡洛·波拿巴是法国国王路易十六宫廷驻科西嘉岛的代表

▲ 这幅拿破仑肖像画把他描绘为一个年轻的中校，指挥着科西嘉志愿军的一个营

▲ 在1799年11月的政变中,拿破仑站在国民议会混乱的人群中

孤立无援的境地。向叙利亚的推进则以1799年对阿克雷的围攻失败而告终。

当军队在埃及苦苦挣扎，最终向英国投降时，拿破仑得到消息称，巴黎的政治动荡再次加剧。作为一个机会主义者，他丢下军队，偷偷渡过地中海，加入到推翻法国督政府、夺取法国政权的阴谋活动中去。

密谋夺取王冠和帝国

当拿破仑占领埃及的设想破灭时，第二次反法同盟在欧洲的攻势对法国也很不利。近几个月来，在意大利夺得的大部分领土已经丧失，而军事上的倒退也导致督政府的人气日渐低落。

1799年10月，当拿破仑抵达巴黎时，军事局势已有所稳定，但实际上法国已经破产。很明显，政府正处于崩溃的边缘。督政府曾命令拿破仑返回法国，保卫祖国，抵抗入侵。但他在接到命令之前，就已离开了埃及。虽然他擅离职守，但软弱的督政府没能对他施加任何惩罚。

尽管在埃及战败，但拿破仑仍然在法国人民中享有非同寻常的声望。发动政变的时机已经到了。阴谋篡位者中有几个督政府的成员，他们投靠拿破仑，参加了政变。1799年11月9日，阴谋者推翻了督政府。根据革命历法，这一事件被称为"雾月政变"。

取代督政府的新政府是执政府，这一称号是参考罗马共和国的经典所得。除了拿破仑，前督政府成员伊曼纽尔·约瑟夫·西哀士和皮埃尔·罗歇·迪科也加入了这位军事雄才的行列，担任执政官。然而，一如既往，拿破仑对共治型政府毫无兴趣。几周之内，西哀士和迪科的影响力就化为乌有。虽然政府表面上维持着共和国的名号，但拿破仑是至高无上的第一执政官。

拿破仑通过一次暗箱操作的公民投票——对政府代表的构成和大革命期间形成的政治理想进行全民公投，巩固了自己在法国的权力。但他面临着一个非常现实的外部威胁，所以他急于统揽全局，以便采取军事行动，对抗第二次反法同盟。

拿破仑再次向盘踞在意大利的奥地利军队挺进。1800年6月14日，在马伦哥战役中，奥地利人的突袭差一点就把拿破仑的军队打得一败涂地。然而，奥地利军队指挥官米夏埃尔·冯·梅拉斯将军认为他已经突破了法军的防线，只留下少数人马对付法军。但事实上，法军只是战术性撤退。

当日下午晚些时候，拿破仑集结兵力，进行了一次成功的反击，最终击败了奥军。这次胜利使他在巴黎的政治权力进一步得到巩固。拿破仑凯旋而归，与奥地利签订协议，将意大利北部、荷兰和莱茵河左岸纳入了法国版图。

1802年，一场经典的军事对峙开始了。当英国皇家海军统治着公海时，拿破仑和他率领的法国军队在陆地上势不可当。两国于1802年3月25日签署了《亚眠和约》，做出休战保证。经过近10年无休止的战争，欧洲大陆迎来了短暂但不稳定的和平。

拿破仑赢得了法国军队的钦佩和忠诚，赢得了法国人民的赞誉，同时也赢得了"小下士"的绰号，因为他从未远离战场。

《拿破仑法典》

《拿破仑法典》是法律体系的典范。

《拿破仑法典》于1804年在拿破仑一世统治期间颁布,旨在巩固法国大革命的成果,把革命的主张以法律形式确定下来,这些主张多受查士丁尼皇帝时期发展起来的古罗马法律的启发。《拿破仑法典》分为4个部分,涉及人、财产、财产获取和民事诉讼。它有效地用标准化的体系取代了法国各地形形色色的封建法律。法典承诺人人平等,声称个人有权从事任何类型的职业,并确保宗教自由。它结束了漫长的封建和王室法律体系,该体系通常徇私舞弊,通过豁免、特殊裁决或特权偏袒一方。

《拿破仑法典》明确规定了法律的权威,并对法官的权威及其职权加以限制,这与法国和欧洲大部分地区早期所适用的法律截然不同。它的影响超越了法国,传播到了其他拿破仑征服的国家。《拿破仑法典》在欧洲几个国家被正式采纳,包括意大利、荷兰、波兰、西班牙和葡萄牙。尽管《拿破仑法典》的草案早在1793年就已开始起草,并试行多年,但直到1799年拿破仑掌权,这位第一执政官才积极地推行法典实施。

▲1804年版的《拿破仑法典》的第一页将其介绍为《法兰西民法典》

同年，拿破仑要求举行公民投票，通过国家新宪法，使执政府成为永久的执政实体。在人民压倒性的支持下，全民公投宣布拿破仑为终身第一执政官。曾有一段时期，拿破仑有机会管理法属殖民地，解决了多年来困扰德意志诸侯国和自由城市的领土争端问题。拿破仑通过给许多德意志邦国和贵族更多的土地，获得了他们的忠诚，借此削弱了罗马天主教会的影响，因他认为罗马天主教会对革命时期的法国有敌意。1803年，为了填补国库亏空，他以1500万美元的价格将北美路易斯安那州的大片土地卖给了美国。

与此同时，《亚眠和约》维系的脆弱和平瓦解了。1803年春天，英国再次对法国宣战。第三次反法同盟逐渐形成。最终，英国、俄国、瑞典、神圣罗马帝国、那不勒斯和西西里岛诸国攻打法国和其协约国。随后爆发的拿破仑战争蹂躏欧洲至1815年。

拿破仑仍然想在法国获得绝对的权力。他警告说，一场波旁王朝的复辟运动正在进行。他利用对他暗杀未遂的阴谋论（包括真实的和假想的

▲ 约瑟芬皇后穿着加冕礼服坐在那里。她无法生育继承人，因此拿破仑在与她离婚后，与奥地利的玛丽·路易丝结婚

▲ 拿破仑加入了雅各宾派，后来又回到了法国。他与科西嘉民族主义者帕斯奎尔·保利的观点相左

暗杀）来赢得法国人民的拥护。最后，他宣布自己为法国皇帝，以此维护自己的权力。

1804年12月2日星期日，在巴黎圣母院大教堂内，拿破仑·波拿巴加冕为皇帝。他从不可思议的崛起直至成为拿破仑一世，达到人生的巅峰。拿破仑戴着黄金桂冠，这让人想起古罗马的恺撒大帝。教皇庇护七世只是一个观众，并没有为他主持君主加冕礼，因为拿破仑坚信这是天赋使命，无须加持。

尽管在埃及战败，但拿破仑仍然在法国人民中享有非同寻常的声望。

▲ 在埃及的战役未如人愿，拿破仑坐在马背上凝视着狮身人面像。这幅让-莱昂·热罗姆的画作完成于1868年

是时候重新评价"铁公爵"了,让我们一起回顾威灵顿虽获胜但差点倒在剑下的关键时刻。

▲《阿瑟·韦尔斯利,第一代威灵顿公爵》,托马斯·劳伦斯绘,1815年至1816年。这幅画像中的威灵顿身穿陆军元帅制服,正处于他的权力鼎盛时期

铁公爵：威灵顿

▲ 《永远的苏格兰》是伊丽莎白·巴特勒夫人的作品，描绘了著名的苏格兰灰骑兵在滑铁卢冲垮阵时的景象

这是一场了不起的胜利，虽说韦尔斯利本来是打不赢的。这次胜利让他在军事上声名鹊起。

第一代威灵顿公爵阿瑟·韦尔斯利的军事生涯是所有英军将领中最令人瞩目的。他年纪轻轻就当上了上尉。之后他在印度、葡萄牙、西班牙、法国和比利时连连获胜，最后在比利时他击败了"欧洲霸主"拿破仑·波拿巴。尽管作为英国首相，他的作为平淡无奇，但他在有生之年和身后一直受到人们的尊崇。然而，不论威灵顿多么卓越，他在军事生涯中的确犯过错误，他"从未输过一场战斗"的名声多少有点误导。是时候重新评价"铁公爵"了。让我们一起回顾威灵顿虽获胜但差点倒在剑下的关键时刻。

威灵顿于1769年出生于爱尔兰一个盎格鲁-爱尔兰贵族家庭，他的原名是阿瑟·韦尔斯利。他讨厌在伊顿公学的日子，也没有表现出什么过人之处。他的母亲说："我不知道该拿我那笨儿子阿瑟怎么办。"

当他在法国昂热马术学院学习时，情况发生了变化。在那里，他除了掌握其他技能外，还学习了法语，并且说得很流利。1787年，他被任命为英军陆军少尉；1793年，他成为了中校。

▼ 围攻布尔戈斯是威灵顿为数不多的几次遭受彻底失败的战斗之一

为什么威灵顿认为他在阿萨耶获得的首次胜利是他的至高成就?

▲ 休·戴维斯

这是一次出人意料的遭遇战,在阿萨耶取得的胜利实际上可以追溯到前几周的战斗。当时韦尔斯利低估了他的对手马拉塔军。他想当然地认为马拉塔军是一支常规部队、一支掠夺成性的骑兵部队,不像训练有素的欧洲步兵。当意外地遇到他们时,韦尔斯利决定进攻。就在前一天,他把他的部队一分为二,因为地形复杂,他没料到会碰到他们。

韦尔斯利决定只用一半兵力去攻击他们。大约有4万名敌兵,但绝大多数是随军的平民和后勤人员,许多骑兵根本不能投入战斗,剩下的就是步兵了。但他没想到这些步兵竟然是由德意志雇佣兵按照欧洲的方法训练的。他们运用欧洲战术,成功地抵御了韦尔斯利的首次进攻。

这是一个证明自己是一名称职的战场指挥官的机会。这次战斗差一点就出差错了,只是因为他几次亲自披挂上阵,才取得了最终胜利。他在战前的战役部署在许多方面是有缺陷的,但在战斗中,尽管面临巨大的压力,他的战术运用能力和冷静行事都确保了胜利。不过,他损失了三分之一的步兵,付出了巨大的代价。在增援部队到来之前的几个星期里,他的兵力大大减弱。

但马拉塔军遭受的打击比英军更严重。韦尔斯利认为这是他取得的最伟大的胜利之一,因为这是他第一次在战场上成功运用战术,虽然一开始战略失误,但最终大获全胜。

▲ 阿萨耶战役是威灵顿在印度对马拉塔的第一次伟大胜利

▲ 威灵顿认为拿破仑是有史以来最好的将军之一

要不是英军缺乏骑兵和大炮，朱诺肯定会被彻底击败。

这主要归功于他的政治家哥哥理查德的财力和影响力。

1794年，韦尔斯利在荷兰首次参与了伟大的老约克公爵指挥的战斗。这场战斗虽然失败了，但他后来说，这段经历教会了他很多："我终于学到了什么不该做。知道这个比什么都重要！"从错误中吸取教训贯穿了他整个军事生涯。

1797年，韦尔斯利被派往印度。在那里他的哥哥理查德（韦尔斯利勋爵）被任命为总督。韦尔斯利被选为他哥哥的军事顾问。随后，他用很多年的时间强化英国在印度的统治，并在1803年达到了顶峰，因为那一年他在阿萨耶取得了第一次重大胜利。

早期考验：阿萨耶和维梅罗

此时的韦尔斯利是一名少将，参加了第二次英国-马拉塔战争（1803—1805），即马拉塔为抵抗英国对印度的控制而引发的战争。这场冲突迫使韦尔斯利在1803年9月23日在阿萨耶进行了一场艰苦卓绝但最终取得了胜利的战斗。在错误地把军队兵力分散后，韦尔斯利率领一支大约7000人的部队遭遇了一支四五万人的马拉塔大军，并已经占据了凯特纳河后面的有利位置。尽管韦尔斯利的队伍已经行军20英里，而且无法后撤，但他还是发起了进攻，将部队部署在两条河流之间。这保护了他的侧翼，但如果被击败，全军都会深陷绝境。

按照欧洲战术方法受训的马拉塔军巧妙地改变了前线，在韦尔斯利通过凯特纳河时用猛烈的炮火袭击了他的右翼。过河的5000人中三分之一伤亡。但在对岸，韦尔斯利的士兵及时改变策略，出动骑兵，击溃了马拉塔军。马拉塔军战死6000人。这是一场了不起的胜利，因韦尔斯利本来是打不赢的，而这也让他声名鹊起。

威灵顿于1805年回到了饱受战争蹂躏的欧洲。那一年，皇家海军在特拉法尔加大获全胜，但拿破仑·波拿巴在奥斯特里茨大败对手，统治了欧洲大陆。此后，拿破仑继续在耶拿-奥厄施泰特（1806）和弗里德兰（1807）取得胜利，后与他的前盟友西班牙反戈相向；1808年，他篡夺了西班牙王位，并把他的哥哥约瑟夫推上了王位。西班牙人反抗法国人，这促使英国向伊比利亚半岛派遣远征军。半岛战争开始了。

在西班牙和葡萄牙

1808年8月初，韦尔斯利被派往里斯本以北160千米处，目的是防止法军入侵葡萄牙。然而，韦尔斯利得知他的指挥权将由直布罗陀总督接替后，迅速向南进军，希望在他被取代之前击败法军。8月17日，他第一次在罗利萨与法军相遇，并取得了一场小胜利。

8月28日，他在维梅罗赢得了他的第一次重大半岛战役。

韦尔斯利率领1.8万人，朱诺少将率领1.4万名法国士兵。法军纵队进攻，这是他们的标准做法，但被英军步兵的齐射击退。随后，英军手持刺刀向前冲杀，两个法军旅不得不向北后撤。要不是由于英军缺乏骑兵和大炮，朱诺肯定会被彻底击败。葡萄牙得以幸免，没被占领，但也没对韦尔斯利表示感谢。

因为不情愿地签署了一项允许法军从葡萄

进入西班牙的关键是攻占葡萄牙和西班牙边境上的两座堡垒——罗德里戈城和巴达霍斯。

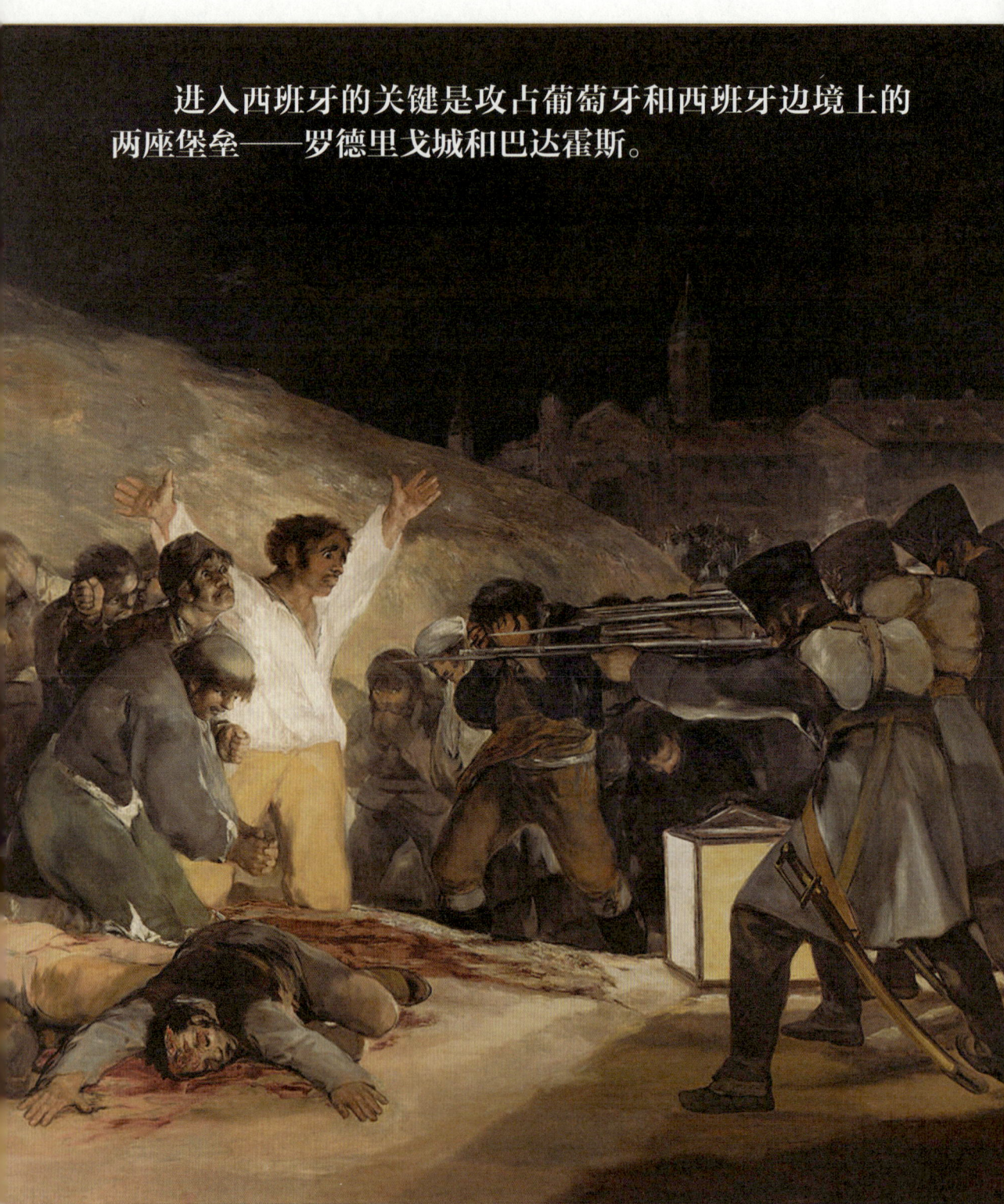

▲ 弗朗西斯科·戈雅的《1808年5月3日》。半岛战役以其惨烈而闻名，各方都犯下了滔天罪行

牙撤军的协议,韦尔斯利被召回英国。在他缺席的情况下,英军进入西班牙失败了,从科伦纳撤退。葡萄牙再次受到威胁。

韦尔斯利于1809年4月返回,重组了英葡联军,驱逐了法军,并将目光再次投向西班牙。

他于6月进入西班牙,但由于盟友的无能,进展受阻,战事陷入混乱。因通信很不畅通,西班牙对食物和运输的承诺没有兑现。在7月20日至8月20日,英军只得到10天的口粮,而法国军队于7月27日开始进攻英西联军。两军在马德里西南120千米处的塔拉韦拉交火。法军有4.6万人,英西联军有5.5万人,但其中只有2.15万人是英国人。韦尔斯利觉得他不能依赖西班牙人。因此,他借助地形,将他的士兵部署在各种防御位置,包括溪流、峡谷、高地,甚至橄榄林和灌溉渠。

激烈的战斗于7月27日至28日打响。法军撤退,但英军已经筋疲力尽,无法乘胜追击。联军的伤亡人数与法军不相上下,约为7000人,其他英军的人员伤亡较大。随着法军援军逼近,韦尔斯利被迫丢下伤员,撤退到葡萄牙的边境。后来,他愤怒地写信给英国政府,称无意再与西班牙人合作。但是,塔拉韦拉战役给了英军希望,使他们觉得是可以打败法军的。而韦尔斯利也获得了一个新头衔:威灵顿子爵。

围城攻坚战

在塔拉韦拉战役之后,威灵顿下令在里斯本以北20至40千米处修建两条战壕和防御工事,以确保英国能在伊比利亚半岛持久驻守。这条防线后来被称为托里什韦德拉什防线,从大西洋一直延伸到塔古斯河,建于1809年11月至1810年9月,在英国工程师的指挥下由当地工人修建。每个堡垒都有3至6门大炮和200至300名士兵,而任何突出的地貌特征都被夷为平地,以防敌人用它们做掩护。

河流被筑起的高坝拦截,被山下的土地淹没。这一大规模工程是在最严格的保密措施下进行的,以免让法国人知道它的存在。

骗局奏效了。当法军挺进葡萄牙时,意外地遇到了防线。据马塞纳元帅说:"即使强行突破防线上的某一处,我们也没有足够的兵力占领里斯本。"马塞纳在防线上试探了一个月,最终被迫撤退。葡萄牙安全了。威灵顿信心大增,想在西班牙继续征战。

进入西班牙的关键是攻占葡萄牙和西班牙

▶ 在印度打败蒂普苏丹后,这把镶满宝石的剑被威灵顿的军队缴获

边境上的两座堡垒——罗德里戈城和巴达霍斯。这两个城堡相距130英里，但威灵顿不得不迅速拿下它们，因为法军很快就会集中更多的兵力来对付他。速度和突袭是必不可少的，但同时也是很困难的，因为围城攻坚战是一个缓慢的过程。尽管如此，威灵顿还是让军队做好充分准备，在隆冬时节对罗德里戈城发动了进攻。虽然伤亡惨重，城堡还是在1812年1月被攻占。这一成功鼓舞了威灵顿，他继续向南推进，去夺取巴达霍斯。但事实证明，这要困难得多。

巴达霍斯已经被围攻两次，但都没有成功，法军早已采取措施改善他们的防御和补给。威灵顿不得不迅速行动，因为马尔蒙和苏尔特元帅的军队正威胁着他。4月6日至7日晚，攻城再次开始，并打开了一个不大的缺口。结果，主要的冲锋队员伤亡惨重。

虽然巴达霍斯被攻破，但英军在一夜之间损失了近5000名士兵。幸存者入城后进行了一场抢劫、强奸和杀戮的复仇，场面连威灵顿都难以控制。在看到城墙最大的缺口上成堆的尸体时，他当众哭了，但他的战术目的已经达成。随后，他从葡萄牙追击马尔蒙，并在萨拉曼卡追上了他。

威灵顿在萨拉曼卡迟迟不动是因为法军加强了防御。同样，马尔蒙也不愿在威灵顿有所准备的情况下开战。两军都在小心翼翼地试探对方，周旋了数周。7月22日，马尔蒙的前锋部队和主力部队之间被打开了一个缺口，威灵顿趁机发起攻击。

在威灵顿从左向右攻击的同时，英军第3师也击退了法军主力师。马尔蒙在战斗一开始就受了伤，不得不将指挥权移交给他的部下。法军最初对英军主力的攻击是成功的，但威灵顿的后备部队抵挡住了他们的攻势，并粉碎了他们的进攻。法军虽撤退了，但很顽强。这一天属于威灵顿。据说，他"在40分钟内打败了一支4万人的军队"。

法军损失了约7000人，还有约7万人被俘，而英军损失了约5000人。作为奖赏，威灵顿被封为侯爵，并于8月12日进入马德里。

进入马德里和布尔戈斯

解放西班牙首都是出于政治动机。英国政府需要制造一个大事件，向整个欧洲传递一个信息，同时威灵顿也需要休息和补给军队。但是，解放行动很快就变了味儿，因为战场上仍有大批法军滞留。在萨拉曼卡战役之后，威灵顿没有乘胜追击马尔蒙的军队，使得法军重新在埃布罗的后方集结，再次集中力量对付威灵顿。英军在马德里奋战了3个星期。威灵顿围攻布尔戈斯，但因炮兵力量不足，尽管发动了5次进攻，却未能拿下这座堡垒。

随着法军逼近，他在10月21日取消了围攻，一路撤回至罗德里戈城，中途放弃了马德里。在当时，这似乎是一次令人沮丧的失败，是

英军在一夜之间损失了近5000名士兵。幸存者入城后进行了一次抢劫、强奸和杀戮的复仇。

▲ 1795年，阿瑟·韦尔斯利26岁。他在1794年第一次参加了由荷兰伟大的老约克公爵指挥的战斗

法军虽撤退了,但很顽强。这一天属于威灵顿。据说,他"在40分钟内打败了一支4万人的军队"。

威灵顿指挥下的部队非常顽强。在霍高蒙特的农庄里,大部分英军一整天都在抵抗人数十倍于他们的敌人。

与在科伦纳和在塔拉韦拉类似的撤退。但是,1812年的这场战役意味着法国永久地放弃了西班牙南部。从长远来看,此战扭转了半岛战争的局势。

1813年,威灵顿采取了一项新战略,计划将法军从西班牙北部逐出。他计划沿法国的交通线向前推进。这条交通线从西班牙中北部的杜罗河向东北延伸,一直到法国南部的巴约纳。一路上,他将比斯卡扬港口单独隔开,把它作为自己的通信和补给基地,这样就不会给法军重新集结的机会。这一战略非常奏效。1813年5月至6月,他将10万人及100门大炮和其他装备转移到了250英里外的比斯卡扬海岸的桑坦德基地。此时,他离法国边境很近,并于6月21日在维多利亚与撤退的儒尔当元帅和西班牙前国王约瑟夫·波拿巴进行了激战。

威灵顿的部队在兵力上占优势。他计划把法军包围在萨莫拉河的一个转弯处和维多利亚城之间。虽然没有完全按照他的战术计划进行,但经过艰苦的战斗,法军的左翼和中部被击溃。他们无序地向潘普洛纳撤退,约6000人伤亡,约3000人被俘。约瑟夫的军队抛弃了大量辎重逃到法国,其中包括150支枪、昂贵的珍宝和100万英镑。

这些战利品分散了英军注意力,使他们失去了抓捕更多法军俘虏的机会。尽管如此,英军通过这场胜利的战役最终把法军从西班牙驱逐出去,威灵顿也成为了陆军元帅。尽管在圣塞巴斯蒂安又一次被围困,但威灵顿还是成功突破,继续北上,并于10月7日渡过比达索阿河,进入法国。1814年,法国和他们的军队受到了来自四面八方的攻击。

百日王朝与滑铁卢

1814年5月11日,威灵顿成为了明星般的人物,被称为"威灵顿公爵",并在维也纳会议上担起主要的外交角色,以决定后拿破仑时代欧洲的未来。然而,拿破仑从厄尔巴岛逃了出来,

▲ 威灵顿把他的靴筒裁低,以便在穿裤子时更舒适。他的名字成为了这种风格的代名词

▲ 这种卡宾枪和手枪是英国骑兵对付法军的典型武器

并于1815年3月1日回到法国。在法国军队的欢呼声中,他重新登上了皇帝的宝座。仍在维也纳开会的盟军立刻向其宣战,并派威灵顿去比利时指挥一支由英国、德国、荷兰和比利时组成的联合军队,与陆军元帅格布哈德·布吕歇尔领导的普鲁士军队并肩作战。威灵顿在临行前,受到俄国沙皇亚历山大一世重托:"依靠你来再次拯救世界。"

拿破仑迅速组建了一支军队,并于6月入侵比利时,目的是瓦解与他为敌的联盟。他最初也设法做到了这一点。威灵顿和布吕歇尔的部队被拉开了一段距离,法军在利尼和四臂村分别和他们进行两场战斗。6月18日,威灵顿和拿破仑在圣让山陡坡第一次交锋,这里虽然离滑铁卢镇只有两千米,但这场战斗将成为人们所熟知的滑铁卢战役。这是一场极其血腥的战斗。在当天的大部分时间里,两军基本势均力敌。拿破仑的7.3万人略多于威灵顿的6.8万人(其中2.5万人是英国人,只有7000人是半岛上的老兵)。11点30分至20点,双方的大炮几乎没有停止过射击。威灵顿打的是一场防御战。他打算尽可能长时间守住阵地,直到普鲁士援军到来,再联合把拿破仑击退。

拿破仑那天的主要错误可能是低估了他的对手。像他的下级将领一样,他命令无数的纵队向盟军的方阵发起进攻,希望把敌人打得节节败退,或者用威灵顿的话说,是"一场重拳出击的进攻"。但是威灵顿指挥的军队很顽强。在霍高蒙特的农庄,大部分英国守军一整天都在抵抗10倍于他们的敌人。尽管如此,拿破仑的无情进攻仍然产生了效果。随着时间的推移,法军占领了威灵顿中军的拉海圣庄园。

威灵顿在战场上无处不在。虽然正在进行的是一场生死攸关的战斗,但他仍然能保持冷静。16点,他听到普鲁士的枪声从他的左边传来,然后他选择用自己的军队来增援他的中右翼。

很快普鲁士军投入战场。拿破仑的精锐军团和帝国近卫军在英军的密集火力面前崩溃了。战役取得了胜利,威灵顿放任普鲁士军追击溃逃的法军。第二天他说,这场战役是"你一生中见过的最为势均力敌的较量"。他知道自己离失败有多近。战争造成大约2.6万名法军、7000名普鲁士军和1.7万名英军伤亡。

除了一支自己的警卫部队,威灵顿属下的

威灵顿在1815年的百日王朝中犯过错误吗？如果犯过，那是什么呢？

▲ 罗里·穆尔

凡是将领都会犯错误。因为发起进攻是极不容易的，所以在每一场战役中，各方都会犯错误。也许威灵顿犯的最严重的错误是他对法军的进攻反应相当迟缓。在之前的几个星期里，由于许多错误的情报，他认为盟军面临的最大风险是他或布吕歇尔一开始就采取了错误的行动；但是他应该早下令让他的部队加速前进。

威灵顿的首道命令是让第1军团（奥兰治亲王）在尼韦勒附近集结，也就是把佩尔彭切所率领的师从四臂村的十字路口撤下。幸运的是，这些命令都被康斯坦特·雷贝克将军和佩尔彭切将军忽视了，所以并没有造成任何损失。在滑铁卢战役当天，为保护军队的西侧，在哈尔保留大量的兵力。这种做法也常被认为是一个错误，但我认为至少有一种观点认为这是一种明智的预防措施。

最后，在战斗中，威灵顿不可避免地有一些应受批评的地方，最严重的失误是左翼，也就是皮克顿师所占领的从四臂村到大路东侧的那一部分防线本应该有更多的兵力。但重要的是，威灵顿并没有失去对全局的掌控。即使威灵顿犯了错误，但他也做对了大部分事情。他设法重新获得主动权，取得了胜利，战胜了一个占尽优势、训练有素、意志坚定的敌人。

1815年，威灵顿确实犯了一个错误：他对法国前进的消息反应迟钝。

其他人基本阵亡。不久后，他说："上帝啊，我希望这是我打的最后一场仗。"在念到死者名单时，他哭了起来。

威灵顿一语成谶，滑铁卢成为了他指挥的最后战场。战争结束后，拿破仑撤回法国，第二次退位，并被永久地流放到遥远的圣赫勒拿岛。1821年，在英国人的看守下，他在那里去世。威灵顿与他最大的劲敌同岁，但他活得更长，于1852年去世。在他去世时英国为他举行了盛大的国葬。威灵顿凭借着辛勤的工作、顽强的战斗、十足的勇气和胆量，成为了英国历史上最优秀的将军之一，但他对自己的能力却出奇地谦虚。当被问及谁是他那个时代最伟大的军事领袖时，他大度地回答说："无论是在这个时代，还是在过去，或是在任何时代，都是拿破仑！"

▼ 滑铁卢战役的胜负在6月18日的大部分时间里悬而未决。威灵顿把它描述为"你所见过的最势均力敌的较量"

小岛"皇帝"

岛上有什么能引起皇帝的兴趣?
厄尔巴岛和欧洲很快就会得到答案。

1814年4月28日晚,拿破仑登上了护卫舰"无畏号"。他即将被流放。虽说是被流放,但他仍是一位皇帝。他的帝国曾经从大西洋延伸到波罗的海,但现在缩减为第勒尼安海上距离意大利10千米处一个224平方千米的岛屿。根据《枫丹白露条约》的条款,拿破仑·波拿巴将从法兰西皇帝的宝座上退位,转而成为厄尔巴岛的"皇帝"。

如今,厄尔巴岛是意大利的一部分,但历史上它曾被多次易手。19世纪初,它为法国所有。但根据条约条款,厄尔巴岛成为拿破仑的私人财产。该岛位于科西嘉岛和意大利之间,虽然拿破仑年轻时应该没有去过该岛,但它离科西嘉岛很近,至少为他提供了一个熟悉的环境。

拿破仑在隆隆的炮声和火药味中离开了法国。

▲ 拿破仑离开厄尔巴岛,开始他最后一次伟大的冒险

▲ 拿破仑在枫丹白露向他的守卫告别，准备前往厄尔巴岛

以法国当时的情况，这是拿破仑最好的结局了。但即便被流放，他也是不慌不忙地去往厄尔巴岛。拿破仑离开枫丹白露后，花了8天才到达法国地中海沿岸的弗雷瑞斯。为了躲避保皇派的刺杀和人们的指指点点，这位倒台的皇帝大部分时间都是便装出行的。最初的安排是让拿破仑从圣特罗佩出发，但他坚持要从弗雷瑞斯离开法国。因为弗雷瑞斯是他于1799年从埃及返回法国时的登陆地，也是从那里开始他非凡的权力攀登之路的。如今，它将见证拿破仑的没落。即便如此，他还是不情愿离开。直到"无畏号"舰长托马斯·厄谢尔爵士到达他在弗雷瑞斯下榻的客栈，告诉他驳船正等着他时，拿破仑才离开。

但是，拿破仑非常讲究排场。他坚持作为君主，在登上"无畏号"时应该向他致以21响礼炮。尽管海军规定日落后不应鸣炮致敬，但护卫舰舰长同意了他的要求。于是拿破仑在隆隆的炮声和火药味中离开了法国。3天后，即5月1日，"无畏号"护卫舰行至科西嘉岛附近。拿破仑登上护卫舰的甲板，眼看着故乡从他身边经过。5

月3日晚，"无畏号"在厄尔巴岛的费拉约港落锚停靠。第二天，拿破仑上岸接管了他的新王国。市长彼得罗·特拉迪蒂把岛上的钥匙呈给拿破仑，而这一场合让这个可怜的人紧张得说不出话来。

一贯注重细节的拿破仑已经开始为他的岛屿王国设计一面新的旗帜：白底红色对角斜纹，斜纹上有3只金色的蜜蜂。它至今仍是厄尔巴岛的岛旗。民众热情地迎接他们的新统治者，尽管这种热情是不得已而为之的。当初厄尔巴岛上的居民得到消息说他们被作为礼物送给了拿破仑时，曾有一些抗议活动，但随着常年贫穷的人们意识到流放的皇帝将给该岛带来商业和就业机会时，这些抗议活动很快就消失了。新岛旗上的金色蜜蜂正是岛上居民所期盼的。因此，当他们的新统治者进入费拉约港时，他们簇拥在他的身旁，一起前往教堂。在那里，他们齐唱《感恩赞》献给上帝以感恩拿破仑安全抵达。然后，厄尔巴皇帝被带到他的新住处：一个由饼干厂匆匆改造而成的皇帝寝宫。对拿破仑来说，这一切似乎都与巴黎的杜伊勒里宫相差万里。

最小的帝国，最好的皇帝

在权力的巅峰时期，拿破仑统治着一个占地200多万平方千米的帝国，而此时只有224平方千米。但是他要让这里成为世界上治理得最好的224平方千米的国家。5月5日，也就是抵达的第二天，他凌晨4点就醒了。他检查了费拉约港的防御工事，直到10点才回来吃早饭。这是拿破仑在厄尔巴岛的时间印记：永不停歇的活力和行动力。一周后，拿破仑参观了该岛，并选择了一座更契合他显赫地位的别墅：能俯瞰新首都的穆利尼宫（如今它已是一个博物馆，纪念拿破仑在厄尔巴岛的日子，里面有这个酷爱读书的人从法

身在国外的妻子

如何将皇帝与他的皇后及其继承人分开。

在厄尔巴岛上，拿破仑与他的母亲、一个妹妹和他的一个情妇一起待了几个星期。但他真正想团聚的妻子玛丽·路易丝从未来过。自1814年1月25日以来，他就再也没有见过她和他们的儿子，他们只是一直保持着断断续续的书信联系。

玛丽·路易丝带着小拿破仑一起离开法国前往维也纳，回到她的父亲奥地利的弗朗茨皇帝身边。拿破仑当然希望与玛丽·路易丝团聚。她的信中也显示起初她也打算去陪伴流放中的拿破仑。

但是弗朗茨和他的顾问们，特别是梅特涅王子，微妙地挑拨了玛丽·路易丝对她丈夫的微弱的情感。首先，他们告诉她，当拿破仑听说他的第一任妻子约瑟芬于1814年5月29日去世时，他非常悲痛，以至于把自己关在房间里两天。然后，梅特涅指示他的助手，一位名叫亚当·阿尔伯特·冯·奈佩格的独眼但英俊的军官无论如何不要让玛丽·路易丝去厄尔巴岛。当他们在温泉小镇艾克斯莱班时，拿破仑用更专横的语气写信给她，要求她到他那里去。玛丽·路易丝对这一命令心生抗拒，回到维也纳后，她和冯·奈佩格成了恋人，随后结婚并生下了3个孩子。

他的妻子，玛丽·路易丝，从未来过。

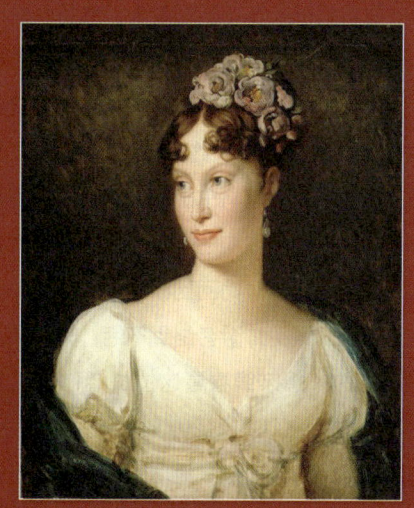

▲ 拿破仑的第二任妻子玛丽·路易丝

▲ 那些曾鼓动英国反对拿破仑的尖刻漫画家，并没有因其被流放到厄尔巴岛而停笔

国带来的1100本书）。

作为厄尔巴岛的皇帝，拿破仑的工作日程安排得相当紧密。他在4点醒来，阅读急件，口述信件，看看报纸，在花园里散步，然后小睡一会儿，再骑马出去看看他在岛上兴建的各种建筑项目。10点或11点，是稍迟的早餐，然后读书，洗澡，和随从交谈。大约在16点，拿破仑通常会乘坐他的轻便带篷马车出门，并在途中随时随地停下来与那些希望向他表达诉求的厄尔巴岛人交谈。傍晚早些时候他回到穆利尼宫，在那里将会有游客正式觐见（游客络绎不绝，其中有许多来自英国的人想亲眼看看这位长期称霸欧洲的人）。晚餐是在18点到20点之间进行，然后拿破仑会和他的母亲（她来厄尔巴岛是为了陪伴落魄的儿子）打牌或者下棋，然后在21点到22点间就寝。

对一个精力旺盛的皇帝来说，很显然，他在厄尔巴岛上面临的最大问题是无聊。为了避免这一点，拿破仑开始插手他的小小王国的最细微事务：他组织垃圾收集；制定有关粪便收集的法律；规定园丁的工资；提高海关税和货物税；推行灌溉拉科纳平原的计划；下令在山谷重新造林和种植橄榄树；设立道路和桥梁检查员；规定不能超过5名儿童睡在一张床上。拿破仑曾经在巴黎杜伊勒里宫用餐时拿到了一条肮脏的餐巾，他立刻要求查看近几年的洗衣房记录。这种对细节的关注仍然驱使着他。然而有时，拿破仑感到把所有精力放到这么小的王国上是没有意义的。最初，他热情地兴建各种建筑，但三分钟热情过后，每当他遇到困难或对试图达成的目标感到无聊时，他就弃之不管了。对金钱的担忧使拿破仑的处境雪上加霜。根据《枫丹白露条约》的条款，复辟的波旁王朝国王路易十八每年应向拿破仑支付200万法郎的津贴，用于他的生活费用。

这个数目是相当可观的。拿破仑带了家眷和大批仆人来到厄尔巴岛，随行的还有作为护卫的566名士兵。宫廷仪式和奢华排场也没有减少，而且拿破仑又给穆利尼宫强加了一种新的礼仪，尽可能地类似于杜伊勒里宫的礼仪。拿破仑在厄尔巴岛的主要开支是家庭和军队的费用，家庭日常的管理费用只比军队少10%。而他从地方税、货物税、渔业和盐矿获得的收入与他的支出相差甚远。

拿破仑在流放之初随身带着50万法郎，后来又追加了350万法郎。但他每年的支出在150万到180万法郎，而税收收入只是这个数字的一半。要是法国每年拨款200万法郎的话，是可以弥补他财政上的缺口。但即便法国的财政允许，路易十八也不愿意交出一笔他没有参与谈判的款项。拿破仑战争已经耗尽了这个国家的财富；为了补贴这位倒台的皇帝而节制他人似乎也有点过分。

拿破仑也试图增加收入。当卡波利韦里镇居民拒绝纳税时，他派出了军队，但厄尔巴岛根本没有足够的钱来支撑。如果没有路易十八的津贴，拿破仑将在两年多内花光所有的钱，除非大幅度削减他的排场。只有5个随从就可以大幅减少开支，但那不是拿破仑的作风。减少他的家庭费用就是减少了他的气派。对拿破仑而言，他不像欧洲其他统治者那样具有与生俱来的统治权，所以排场、服饰等权力标识就是巩固他在这个世界上——或者更确切地说是在世界之巅——地位合法性的必要条件。

去还是留？

然而，财政问题并不是拿破仑决定离开厄尔巴岛的主要原因。1814年11月，维也纳会议召

▲ 莱奥·冯·克伦策晚年的画作《流放在厄尔巴岛的拿破仑》

暗杀的恐吓传言传到拿破仑的耳朵里。他心绪不宁,每晚都换不同的房间就寝。

旗帜飘扬

一个新的王国需要一面新的国旗,于是拿破仑设计了一面。

拿破仑一到厄尔巴岛,就关心起该岛的琐事来。在去往小岛的途中,他就已经解决了一件悬而未决的事情:小岛的旗帜。作为厄尔巴岛的皇帝,他的新王国需要有一面新的旗帜,拿破仑在"无畏号"舰上就把它设计出来了。作为酷爱读书的人,他随身携带了关于厄尔巴岛的书籍,其中有一本是展示托斯卡纳大公国古代和现代旗帜的书(厄尔巴岛在1802年被赠送给法国之前一直是公国的一部分)。对角斜纹与厄尔巴岛古代统治者阿皮亚诺家族的旗帜相呼应,而蜜蜂则表示拿破仑自认为他的祖上与法国墨洛温王朝有关联。因为在该王朝第一位国王希尔代里克一世的坟墓里发现了金蜂,所以蜜蜂也常常被用作拿破仑及其王朝的标志。尽管对于旗帜的确切含义和派生含义仍然存在分歧,但拿破仑亲自设计旗帜是确定的。这面旗帜象征着他的统治理念,无论是统治曾经的法兰西帝国还是厄尔巴岛。

▲ 拿破仑设计的厄尔巴岛旗

▲ 从拿破仑的别墅向东望去可以看见厄尔巴岛东部。在晴朗的日子里，意大利也清晰可见

开，决定了欧洲的未来格局。显然，欧洲列强不准备把拿破仑留在厄尔巴岛上。尽管官方切断了拿破仑与法国和欧洲的联系，但他还是通过秘密渠道得知了法国国内局势和政治动态的情报，而那些蜂拥而至的社会地位较高的游客则受到了礼貌且彻底的盘问。在这次大会上，法国外交部长塔列朗主张，应该把拿破仑安全转移到距离欧洲1400千米的亚速尔群岛中的一个岛上；而另一些人则建议把他送到加勒比海的圣卢西亚和大西洋中部的圣赫勒拿岛。

拿破仑是否能活到被流放到另一个更遥远的地方不得而知。暗杀的恐吓传言传到拿破仑的耳朵里。他心绪不宁，每晚都更换不同的房间就寝。1814年年底，他只有在警卫的陪同下才敢离开宫殿。

与此同时，传到厄尔巴岛的消息称，复辟后的波旁王朝并不受法国人民的欢迎。当然也有拿破仑想要听到的消息：法国人仍然爱他，并欢迎他回来。很明显，刚复辟的路易政权冷淡了拿破仑掌权期间一直支持他的一些社会力量。特别值得一提的是，拿破仑庞大的军队大部分被裁减，剩余的士兵只拿一半薪水。这使许多人寒了心，尤其是那些仍然忠于皇帝的普通士兵，尽管拿破仑为了自己的荣耀而挥洒了他们的鲜血。用波旁王朝的白旗取代三色旗的做法激怒了共和党人，而试图让流放者回国却对收回的土地和财产不给予任何补偿的做法，引发了人们对恶劣暴行的旧政权卷土重来的担忧。波旁王朝复辟时，大量的政治资本已被挥霍殆尽，所以拿破仑可以很容易地说服自己，他想要的、有利于他重新掌权的条件已经具备了。

更重要的是，到1814年12月底，拿破仑非常担心自己的未来。他会见了英国驻厄尔巴岛的代表尼尔·坎贝尔上校，并告诉他，自己将用武

▲ 穆利尼宫墙上的拿破仑纹章浮雕

力抵抗任何想把他从岛上转走的企图。维也纳会议从1814年11月持续到1815年6月。那些致力于塑造新欧洲的外交家或许应该考虑一下这个被他们留在厄尔巴岛上苦苦挣扎的人的主要诉求，对拿破仑来说，最好的防御方式总是进攻。

谁也不知道拿破仑到底是什么时候决定重返法国，夺回王位的，因为这个决定深藏在他内心深处，面对同伴时他也不露声色。或许他返回的希望已经在流放中消逝殆尽，但这一决定是在1815年头几个月之后才做出的。2月16日，坎贝尔动身前往意大利（去看病或会情人，或者两者都有），海岸变得畅通无阻。确实如此，因为坎贝尔乘坐的是"鹧鸪号"，这艘舰本来是派来秘密地监视岛上情况的。就在同一天，拿破仑下令给他那艘"无常号"做好给养，并把它漆成英国舰船的模样。这种障眼法是很有先见之明的，因为一个星期后，2月23日晚上，"鹧鸪号"又回来了，停泊在费拉约港。坎贝尔仍在意大利，先派船回厄尔巴岛查看一切是否正常，雄鹰是否还在巢穴里。拿破仑一看到"鹧鸪号"回来，就命令"无常号"出海，并让他的士兵在他的别墅周围做园艺。这样一来，过来查看的士兵觉得一切如常。2月24日，"鹧鸪号"船长带了一些游客上岸，看到拿破仑还住在别墅里，非常满意，起锚扬帆起航。作为一名海军军人，他似乎格外地不擅长观察。

第二天，拿破仑会见了岛上的官员，告诉他们他要离开了。出发时间定在2月26日星期日晚上。19点,拿破仑离开穆利尼宫,人们簇拥着他的马车来到港口。在一小队船只的伴随下,拿破仑被摆渡到"无常号"上,驶离厄尔巴岛。"无常号"两旁还有另外6艘舰。这支小型舰队共有约1000人、40匹马和4门大炮。拿破仑打算以这样一支军队夺回法国。

站在"无常号"甲板上,拿破仑眺望着大海,望向法国。"木已成舟,唯有前行。"他说。为了争夺权力,皇帝准备最后一搏。海面风平浪静,护卫舰缓慢前行。1815年3月1日,当太阳升起的那一刻,在远处的地平线上,拿破仑看到了他在厄尔巴岛流放期间日思夜想的法国。

▲ 穆利尼宫的正面

▼ 欧洲大陆上的战争已经持续20多年了,但拿破仑的回归意味着战争仍将继续,直到最终被击败

伟大的冒险

拿破仑在厄尔巴岛时既害怕又感到厌烦，
所以他决定冒风险最后一搏，夺回法国并击败盟军。

1815年3月1日，拿破仑再次踏上法国的土地。他的警卫把舷梯固定在适当的位置，这样他就可以穿着干爽的鞋下船了。没有人在那里迎接他。下午早些时候，他的"无常号"和随行的小型舰队停泊在昂蒂布和戛纳之间的胡安湾。这位即将重新夺回王位的人在傍晚上岸，并在一片橄榄林中安营扎寨。这么做的目的是既要尽快到达巴黎，又不能引发内战。

拿破仑回归的合法性是有民意基础的——民众对复辟的波旁王朝感到厌倦。但拿破仑也知道，如果他的回归带来了内乱，民众接受他的意愿也将很快烟消云散。因此，他命令军官们继续前进，并严令不得开枪。如果民众不欢迎他，他的归来将是失败的。

但是，一开始，民众也不太确定该怎么做。普罗旺斯倾向于君主制，因此拿破仑并没有前往普罗旺斯地区艾克斯，而是选择向山上进发，走一条通往格拉斯的路。格拉斯市长得知城里只有5支步枪后，就投降了。尽管速度至关重要，但拿破仑还是决定继续沿着山路向北走，避开人口稠密的地区，直到格勒诺布尔。但是这样做的话，他不得不放弃他心爱的大炮和马车。在北上的途中，皇帝要么骑着骡子，要么随军步行。拿破仑长征的路线长达300多千米，如今它是世界上最知名的自行车路线之一。皇帝和他的小部队在6天内或步行或骑马走过牧场和高原，越过山脊，穿过峡谷。

转折点是在格勒诺布尔以南的拉弗雷。这

百日王朝

1815年2月26日
逃离厄尔巴岛
拿破仑从厄尔巴岛逃脱，登上"无常号"。他试图用7艘战舰和1000名士兵重新夺回王位。

1815年3月1日
登陆法国
拿破仑在昂蒂布和戛纳之间的胡安湾下船，在海滩露营过夜。

1815年3月2日
北上长征
拿破仑开始他的长征——沿山间小路向北，向格勒诺布尔进发。

1815年3月7日
拉弗雷危机
面对负责拦截他的第5团士兵，拿破仑敢于让他们朝自己开枪。结果，他们加入了他的队伍。

时，拿破仑回来的消息已传开，第5团奉命去阻挡他。指挥官命令士兵备好武器，进入战斗状态。而接下来发生的成为了拿破仑的传奇故事。据说，这位归来的皇帝站在第5团面前，在众目睽睽之下，让士兵尽管朝他开枪。但士兵们纷纷放下了枪，围拢在他身边，加入到他的军队，一起向巴黎进军。另一种说法是，皇帝连珠炮似的发问使第5团的指挥官招架不住，士兵们纷纷改变主意站到拿破仑一边。不管具体情况如何，这是拿破仑回来后，第一次有正规军投靠他，这也标志着其命运的重大转变。正如拿破仑所说："在到达格勒诺布尔之前，我只是一个冒险家；而到达格勒诺布尔之后，我成了王。"

鹰的飞翔

到达格勒诺布尔后，拿破仑让他的士兵休整了36个小时。这时，皇帝回来的消息已经传到了巴黎。患有关节炎的路易十八坐在沙发里，双腿裹着羊皮。他看着信，用手捂住了脸。但复辟的波旁王朝仍把希望寄托在拿破仑最信任、最勇敢和最令人敬畏的内伊元帅身上。不过，这位内伊元帅曾对拿破仑说，他当权的时代已经结束，他应该接受被流放到厄尔巴岛。

▲拿破仑的敌人，阿瑟·韦尔斯利

波旁王朝复辟后，内伊被路易十八任命为新保皇派军队的将军。听到拿破仑返回后，内伊宣布，他将逮捕这位昔日的皇帝，并把他关在铁笼子里带回巴黎。

但是，当内伊从巴黎南下去拦截拿破仑时，拿破仑给他递出橄榄枝，并告诉他，如果他反戈，拿破仑会再次接纳他。尽管脑海中充斥着内

鹰回来了。皇帝用时不到 3 个星期，不费一枪一炮又当上了皇帝。

1815年3月13日 "法外之徒"	1815年3月14日 内伊变节了	1815年3月17日 列强觉醒	1815年3月19日 国王午夜逃跑	1815年3月20日 老鹰回巢	1815年4月4日 争取时间
维也纳会议的与会者听到拿破仑归来的消息后，宣布他为法外之徒。	内伊承诺把拿破仑关在铁笼里带回巴黎，但他却带着6000名士兵投奔了他的旧主。	在维也纳会议上，第七次反法同盟成立，想要一劳永逸地打败拿破仑。英国、普鲁士、俄国和奥地利都承诺各出兵15万。	路易十八离开巴黎，向北逃往比利时，开始流亡。	拿破仑回到巴黎，住在杜伊勒里宫。百日王朝正式开始。	拿破仑夺回王位后，他亲笔写信给欧洲各国国王，向他们承诺不再战争。但不出所料，没人相信他。

战的阴影，但内伊还是放弃了他新效忠的路易十八，重投旧主，带着6000名士兵加入了迅速壮大的队伍，跟着拿破仑一起北上，回到巴黎。

路易十八看到他的兵不是摇摆不定就是开小差后，于3月19日午夜，和随从离开巴黎，向北后又向东前往比利时。一天后，即3月20日，拿破仑进入巴黎，再次住进了杜伊勒里宫。老鹰回来了，皇帝又当上了皇帝。这一切只花了不到3周，不费一枪一炮。这场伟大冒险的第一步取得了成功，甚至超出了拿破仑的预期。拿破仑回国后不久在巴黎发表了一首押韵诗描绘了他20天的行踪：

▲ 内伊是拿破仑心中最勇敢的元帅，但他的失误在很大程度上导致了滑铁卢战役的失败

老虎逃出了他的巢穴

食人魔在海上游荡三天

可恨的家伙在弗雷瑞斯登陆了

秃鹰飞到了昂蒂布

入侵者抵达格勒诺布尔

将军已经进入里昂

法国人民已经接受了他们昔日皇帝的归来，但是，随着盟军为结束拿破仑政权而成立了第七次反法同盟，厌倦了战争的人们隐约见到了新的"乌云"。

● **1815年4月4日**
威灵顿回来了
威灵顿公爵到达布鲁塞尔，指挥盟军。

● **1815年5月13日**
备战开始
拿破仑下令对法国和比利时边境地区的河流、运河和桥梁进行秘密调查。他开始认真地制订进攻计划。

● **1815年6月7日**
封锁
拿破仑封锁了与比利时接壤的边境，以确保他的军队集中在边界南部的消息不会被泄露。

● **1815年6月14日**
军队集结完毕
拿破仑率领的北方军团集结在法国博蒙附近，靠近比利时边境，随时准备进攻。拿破仑及帝国近卫军也一起加入。

● **1815年6月15日**
再一次掷出骰子
法国军队长驱直入比利时，向北挺进，目的是要分开并分别击溃威灵顿和布吕歇尔的军队。

● **1815年6月16日**
利尼战役
拿破仑在利尼攻打布吕歇尔的军队，迫使他们撤退，但并没能歼灭他们。

▼ 滑铁卢战役

拿破仑昨晚在枫丹白露过夜
皇帝今天将前往杜伊勒里宫
明天将向他忠诚的臣民发表讲话

虽然归来的拿破仑在法国很受欢迎，但在维也纳却相反。在那里，列强正召开会议来决定后拿破仑时代欧洲的格局。而他们也意识到，要想继续进行分配欧洲权力的谈判，将不得不再次与拿破仑打交道。拿破仑回来的消息传来后，到会的英国、普鲁士、俄国和奥地利的代表又重新团结起来。在过去几个月里阻碍会议进程的争吵突然被搁置一边，现在是万众一心"一劳永逸地消灭食人魔"的时候了。每个国家都同意出兵15万人，总共约60万人。拿破仑被宣布为法外之徒，法外之徒的结局就是死亡。

拿破仑拼命争取时间，派特使去见沙皇和奥地利皇帝，向他们承诺他接受法国的新疆界。他说："一个像我这么胖的人，还能有野心吗？"为了巩固自己地位的合法性，拿破仑请求人民投票表决由邦雅曼·贡斯当起草的新宪法。邦雅曼·贡斯当曾是拿破仑的敌人，但在法国广受尊敬。这部宪法承诺继续实行类似君主立宪制的体制，而不是拿破仑全盛时期不受约束的独裁。

最终，这部宪法通过了，但投票率远低于之前的全民公投。法国人已经接受了他们昔日皇帝的归来，但是，随着盟军成立了第七次反法同盟，厌倦了战争的人们隐约见到了新的"乌云"。拿破仑一直知道，只有凭借武力才能继续当皇帝。随着政权稳定下来，他开始着手抓紧备战。

通往滑铁卢之路

第七次反法同盟集结了60万人的军队来对付拿破仑。拿破仑面临两个选择：要么在巴黎坐等挨打的同时集结和武装军队，开始一场漫长的消耗战，在盟军进入法国时，在其交通线上发动游击战，就像西班牙人在漫长而血腥的半岛战争期间所做的那样；要么主动发起进攻。

对于拿破仑而言，选择是显而易见的。但拿破仑唯一可以攻击的是英军和普鲁士军，他们驻扎在比利时境内的法国东北战线上。奥地利军和俄军正在赶往法国，几周后才能到达。拿破仑因在重返巴黎时掷出的第一枚骰子已经赢了，于是加倍下注。

他计划攻击威灵顿和布吕歇尔，目的是取得决定性的胜利，从而推翻英国的政府，让一个更

"天哪，拿破仑愚弄了我！他已经多获得了24小时的行军时间。"

1815年6月16日 四臂村之战	1815年6月17日 撤退和重新部署	1815年6月17日 布吕歇尔的承诺	1815年6月18日 滑铁卢战役	1815年6月18日 瓦夫尔战役	1815年6月21日 拿破仑在巴黎
内伊元帅率领法军左翼攻打四臂村的威灵顿军，但未能夺取村庄。	由于害怕被包抄，威灵顿把部队从四臂村撤出。他在滑铁卢南边的圣让山占据了一个新阵地。	布吕歇尔向北撤退，同时与威灵顿的军队保持联系，并承诺他会为次日的战斗派遣增援部队。	正如威灵顿后来承认的那样，拿破仑战争的高潮是"你一生中见过的实力最为接近的一次较量"。	法军右翼试图阻挡普鲁士军队与威灵顿军会合。虽然法军赢得了战术上的胜利，但他们挡不住布吕歇尔派遣军队增援威灵顿，这扭转了滑铁卢战役的局势。	拿破仑抵达巴黎，试图召集他的旧部，但他的政治支持正在枯竭。

愿意与他谈判的人取而代之,并分裂第七次反法同盟,使之四分五裂。此外,继续进攻意味着战争不会在法国领土上进行。

5月初,拿破仑做出了决定。首先,重新征兵。拿破仑的宣传机器再次启动,声称需要下一批法国年轻人参军,以保护法国不受其他欧洲列强侵略。其次,战争物资(军需品、马匹、大炮、饲料等)都已准备好了,但一切都是在严格保密的条件下进行的,因为拿破仑已经确定了他的伟大战略。虽然,他这一方,北方军团有12.8万人,远远少于威灵顿和布吕歇尔率领的两支军队(分别有10.6万人和12.8万人),但拿破仑的目标是攻击两个盟军之间的空当,将他们分开,然后用后备部队牵制住其中一支,同时,击败另一支,然后集中所有兵力歼灭剩余的力量。

这就是拿破仑的中路突击战略。这一招他曾经使用过,并取得巨大的成功。此外,他很清楚,在半岛战争中久经沙场的威灵顿军队已经被派往美国参加1812年英美战争,威灵顿现在仅指挥着一支实力不明的英荷联军。

至于布吕歇尔将军,拿破仑认为他不过是一个骠骑兵,有勇无谋。拿破仑从比利时的支持者那里得到了情报,知道威灵顿和布吕歇尔的军队距离很远。更重要的是,他还确定了两军的交通线是朝不同方向的:威灵顿的是向北至海峡港口;布吕歇尔的是向东至列日和莱茵河。任何一支军队撤退都倾向于按照自己的交通线行事,这意味着他无论是打败威灵顿或布吕歇尔都将导致两支盟军进一步分开。这正是他的目的所在。

但要使这一战略奏效,拿破仑需要在战略意图上愚弄敌人,为此,必须严格保密。从6月7日起,他封锁了法国东北战线边境地区,关闭哨所,禁止游客入境,并阻止渔船离开法国港口。在封锁的掩护下,到6月14日,拿破仑已将他的军队集中在边境附近,而敦刻尔克和里尔的驻军伪装进攻奥斯坦德,从而把威灵顿引回海峡,守卫后方。拿破仑战略的第一步成功了。然后就该动手了。

战斗打响

6月15日,法军发起了进攻。北方军团向比利时进军。当消息传到威灵顿和布吕歇尔耳中时,他们都犯了严重的战术错误。布吕歇尔命令他的军队集中在松布雷夫。这个阵地离已经集结的法军主力部队很近,很容易在他们正确部署到位前,就被法军摧毁。至于威灵顿,他完全被对奥斯坦德的佯攻愚弄了。他的第一个命令是让他的军队掩护他的交通线,从而离拿破仑意欲先攻打的布吕歇尔更远了。在战斗打响之前,盟军犯了两个严重错误,而通常拿破仑只需要一个。

然而,拿破仑还有一个更大的目标。内伊元

1815年6月22日	1815年6月29日	1815年7月3日	1815年7月8日	1815年7月15日	1815年10月16日
拿破仑退位	拿破仑逃离	停火	波旁王朝复辟	拿破仑投降	在圣赫勒拿岛
拿破仑第二次退位,让位给他4岁的儿子。	拿破仑和他的随从离开巴黎,向西逃去,可能计划乘船前往美国。	法军在伊西战役战败后,请求停火。	路易十八被恢复为法国国王。百日王朝正式结束。	拿破仑向"柏勒罗丰号"舰长投降,希望英国人比普鲁士人对他仁慈些(布吕歇尔想绞死拿破仑)。	拿破仑发现英国的宽大处理是把他流放到大西洋中央。这是一次他永远回不来的流放。

帅沿着通往布鲁塞尔的大路向北挺进，来到了四臂村。该村连接着威灵顿和布吕歇尔两军的东西要道。

内伊不知道的是，四臂村只有4000人，而他有5万人。然而，由于担心威灵顿伏击，内伊没有立刻攻打四臂村，而是在四臂村外逗留了一晚。事实上，把守四臂村的盟军军官在看到内伊逼近时，就直接违抗了威灵顿向东北撤退的命令，因为他认为他掌握的情报比指挥部多。事实证明，这个由萨克森-魏玛的伯恩哈德亲王做出的决定至关重要。

在布鲁塞尔，威灵顿正参加里士满公爵夫人的舞会。直到6月16日凌晨，法军下落的消息终于传到他的耳中时，他突然意识到，"拿破仑欺骗了我，天哪！他比我快了24小时。"有人问他打算怎么做时，威灵顿说："我已命令军队在四臂村集结，但我们不能在那里阻击他。如果要阻击，我们必须在这里与他作战。"公爵指着地图，指向那个叫滑铁卢村的南边。

至于布吕歇尔，到6月16日中午，他已经沿利尼河长达11千米的阵线部署了军队。威灵顿骑马去那里与布吕歇尔会面，并承诺，如果他的军

▼ 普鲁士军队指挥官格布哈德·列博莱希特·冯·布吕歇尔将军

队没有遭到袭击，他就会施以援手。然而，对拿破仑来说，看到普鲁士军队在利尼河对岸，他禁不住杀敌心起。6月16日14点30分，他下了进攻命令。大约在同一时间，在东边11千米处的四臂村，内伊元帅终于向这座村庄（威灵顿日夜都在向那里紧急增援）发起了进攻。

因此，两场战役几乎同时在利尼和四臂村打响。拿破仑和布吕歇尔在利尼交战；内伊在四臂村试图击败威灵顿。拿破仑并不知道有源源不断的军队增援四臂村的盟军。他指望内伊能迅速取得胜利，然后向东进军，通过攻击布吕歇尔的侧翼，给他致命的一击。但是，由于威灵顿向四臂村不停地增派援军，并亲自率军防御，内伊没有取得任何进展。如果拿破仑想在打败布吕歇尔后，再去攻打威灵顿，他就必须在有足够兵力的情况下取胜。

拿破仑几乎做到了。19点，普鲁士军遭到重创。布吕歇尔下令撤退，并亲自率领骑兵冲锋，为撤退争取时间。在这次冲锋中，布吕歇尔的马被打死，这位普鲁士将军被压在坐骑下，一拨又一拨法军骑兵在他周围转来转去，只有一名副官陪在他身边。直到战斗结束，这名副官才设法解救了他的将军，把布吕歇尔带到了安全的地方。

然而，布吕歇尔的进攻为他的军队赢得了时间，使其能够有条不紊地撤退。拿破仑赢得了胜利，但不是决定性的胜利。布吕歇尔最终回到指挥部。他推翻了普鲁士军应该撤往东部的建议。他说，为了荣誉，他们需要继续支持威灵顿。这被证明是整个战役中最重要的一个决定。

听到普鲁士军撤退的消息，威灵顿意识到他自己的阵地要保不住了。他不得不撤退，但是要去哪里呢？威灵顿派了一个信使去跟布吕歇尔说，如果布吕歇尔能答应派增援部队，他就会在圣让山顽强抵抗。收到这条消息后，布吕歇尔做出了他的承诺：他不会让威灵顿失望的。6月17日，威灵顿将他的军队从四臂村撤出。在他事先选择的作战地点占据了新的阵地，而拿破仑的部队则在暴风雨中前进。

6月17日，太阳下山时，拿破仑战争的高潮之战的所有要素都已就位。至于拿破仑，他还不知道他的身份很快就会从皇帝变成表达失败含义的谚语了，因为第二天他就要遭遇滑铁卢了。

战斗打响

84	决定欧洲命运的将帅
100	三军之战
110	滑铁卢战役的尖峰时刻
114	霍高蒙特血战
120	法军挺进
126	战场：霍高蒙特
128	内伊元帅的误判
136	普鲁士军参战
142	战场：拉海圣

163

164

140

144 拉海圣苦战
150 惜败
156 滑铁卢战役打响
158 皇帝的末日
166 战利品

131

168

威灵顿公爵、格布哈德·列博莱希特·冯·布吕歇尔和其他盟军指挥官团结一心,赢得了这场历史上最著名、最具决定性的战役之一。这对欧洲来说是一个转折点,它决定了3日后世界历史的进程。

决定欧洲命运的将帅

随着作为军事强国的法国的复兴，拿破仑和威灵顿各自在一群勇敢将士的支持下对峙。

在血淋淋的战争的严峻考验下，有些人被恐惧压垮，而另一些人则在恐惧中成长。纵观历史，这些英勇的战士通常成长为卓越的军事领导人，在尸横遍野的战场上表现出无畏的勇气。然而，在一场战役中聚集众多这样的将士是十分罕见的。1815年6月18日星期日的这场战役就是如此。当时，两支强大的欧洲军队在今天比利时滑铁卢小镇外一片被雨水浸泡的狭长地带上狭路相逢。

虽然拿破仑和威灵顿公爵等人不需要更多介绍，但米歇尔·内伊和詹姆斯·麦克唐奈等人在军界之外并不广为人知，尽管他们及其他许多将士在这场欧洲最重要的战斗中做出了引人注目的贡献。

战争的迷雾似乎已经遮盖住这些并非平庸之辈的锋芒，但格布哈德·列博莱希特·冯·布吕歇尔元帅至今仍未被人们熟识，似乎令人费解。当然，还有奥古斯特·冯·格奈泽瑙。用威灵顿的话说，他"做出了19世纪最重要的决定"：在利尼战败后，遭受重创的普鲁士军在试图摆脱法军的另一次袭击时，他将他们重新召集在一起。

在滑铁卢战役中，英雄们或站在盟军旗下，或站在法军旗下，每个人都愿冲锋陷阵，捍卫自己的国家，确保赢得一场将永远改变欧洲格局的胜利。

在滑铁卢战役中，英雄们或站在盟军旗下，或站在法军旗下。

拿破仑·波拿巴

法国人
职位：将军和皇帝

拿破仑被誉为史上最伟大的军事指挥官之一。滑铁卢战役是他在逃离厄尔巴岛仅仅3个月后，大胆夺取政权的直接结果。

这位有朝一日成为法国皇帝，与亚历山大大帝和朱利乌斯·凯撒齐名，并为人们所赞誉的人于1769年8月15日星期二早晨出生于地中海科西嘉岛的阿雅克肖镇。

他出身于意大利名门地主之家。他的父母支持一位名叫帕斯奎尔·保利的科西嘉民族主义者，因此，拿破仑注定成为革命人物，而这也恰恰是他在1789年爆发的血腥的法国大革命中所扮演的角色。

拿破仑就读于法国最负盛名的军事学院，接受了战争艺术的教育，因此得以在军中迅速晋升，并能够拼命保卫革命火焰不被欧洲王室扑灭。

拿破仑取得了一系列令人印象深刻的胜利，如1793年占领马尔格雷夫堡（他因这一胜利被任命为准将），以及在1795年10月平息保皇派起义。他凭着战术素养和个人胆略指挥6000人，巧妙地使用大炮击退了约3万人的叛军。在这场战役中，他成为革命的救世主。

1796年法军在意大利对奥地利作战取得一系列胜利之后，拿破仑的军事资历进一步增加。尽管在1798年入侵埃及时失败，但直到1799年11月，拿破仑才通过政变完全控制政权。

1804年5月14日，即拿破仑战争开始一年后的这一天，这位法国统治者自立为帝。他将使包括英国、奥地利、俄罗斯和普鲁士在内的盟国及许多其他国家经历一系列惨败，包括1805年在奥斯特里茨的战役。

1814年盟军攻入法国，迫使拿破仑退位。皇帝被流放到意大利西海岸外的厄尔巴岛上。但他不想一直留在岛上，于是愚弄了看守他的人，并于1815年2月逃离了该岛。回到法国后，他组建了一支新的军队，先发制人，入侵比利时，但最终在滑铁卢战役中败北。

▶ 在拿破仑崛起之前，一位将军形容他是一位才华横溢的人，将名垂千古

威灵顿公爵阿瑟·韦尔斯利

盎格鲁-爱尔兰人
职位：盟军指挥官

威灵顿公爵是英国最具军事头脑的将领之一。他在印度赢得了一系列战斗。可以说，他与拿破仑棋逢对手。

拿破仑从小就显露出对军事荣耀的渴望，而年轻的阿瑟·韦尔斯利最初并没有表现出任何想要在军中建功立业的愿望。事实上，如果不是母亲的介入，这位热爱音乐的人很可能会把自己的精力放在弹拨乐器上，而不是指挥军队。

韦尔斯利于1769年5月1日出生于爱尔兰都柏林，其父母是莫宁顿伯爵夫妇。他的童年过得并不特别轻松。他在很小的时候就失去了父亲，而且母亲相当没有爱心，这使他变成了一个孤僻的孩子，在伊顿公学苦苦挣扎、郁郁寡欢。之后他就读于法国北部昂热的一所军事学校。

韦尔斯利在25岁左右参加了佛兰德战役。当时他是一名中校，之后，在1796年他被派往印度。在印度，一度腼腆的韦尔斯利以其幽默感和敏锐的军事头脑渐渐出名。例如，他在与迈索尔蒂普苏丹的战役中取得胜利，尤其是在1803年9月的阿萨耶战役中大获全胜。然而，尽管有着骄人的战绩，但拿破仑还是不屑一顾地把韦尔斯利仅仅看作"印度将军"。

厌倦了印度的生活后，韦尔斯利准备返回英国，但在1804年获得爵士头衔之前他并没有这样做。次年，他在德意志领导了一次远征，但失败了。之后，他离开军队一段时间，担任拉伊选区的保守党议员。然而，没过多久，他又踏上了战场，这一次他参加了1808—1814年英国和西班牙对拿破仑统治下的法国发动的半岛战争。

1814年，韦尔斯利率军攻入法国南部，迫使他的对手逃离了他的帝国，这使他取得了更大的成功。作为奖赏，他于1814年5月11日被封为威灵顿公爵。即便如此，次年2月，他还是被迫负责指挥第七次反法同盟军，意欲彻底击败拿破仑。

▲ 韦尔斯利于1828年辞任总司令一职，出任英国首相，直到1830年卸任

1814年，韦尔斯利率军进入法国南部，迫使他的对手逃离了他的帝国。他因此取得了更大成功。

格布哈德·列博莱希特·冯·布吕歇尔

普鲁士人
职位：大元帅

冯·布吕歇尔曾是瑞典军队的一名骑兵，后成为备受尊敬的普鲁士将军。他也是打败拿破仑的关键人物之一。

格布哈德·列博莱希特·冯·布吕歇尔是一位退役陆军上尉的儿子。他于1742年12月出生在德意志北部的罗斯托克。1756年，年仅16岁的他加入了瑞典骑兵队，在七年战争期间为一个与普鲁士交战的国家效力。

冯·布吕歇尔在1760年波美拉尼亚战役中被普鲁士骑兵在一次小冲突中俘获，随后他被带到上校面前。幸运的是，这位上校碰巧是冯·布吕歇尔的一个远房亲戚。他非常赏识冯·布吕歇尔，便把这个年轻人招进了自己的队伍。

冯·布吕歇尔显然是一个愿意采取极端手段的人，他在1772年犯下了一个灾难性的错误，当时他假装处死一名涉嫌在波兰起义期间帮助叛乱分子的牧师。冯·布吕歇尔的上司对他的这种行为感到震惊，拒绝提拔他。于是布吕歇尔写了一封措辞极不明智的辞职信，导致腓特烈大帝把他从军队中开除。但这只是一次短暂的驱逐，因为在1786年腓特烈去世后的一年内，冯·布吕歇尔又回到了部队。

冯·布吕歇尔在1789年获得功勋勋章后，于1801年被任命为中将。在接下来的几年里他饱受煎熬，经常被法国战将击败。他最出名的惨败是在1806年萨克森的耶拿战役。这场战役使普鲁士丧失了一半的国土。

1807年，冯·布吕歇尔在陆军部工作了一段时间后退役。1813年，与法国爆发战争后，他被召回服役。同年，他在莱比锡大战中报仇雪恨。之后，他加入了阿瑟·韦尔斯利的进攻法国行动。即便如此，可以说他最伟大的时刻尚未到来，他最伟大的时刻将出现在滑铁卢战场上。

▶ 冯·布吕歇尔在1813年德意志战役中发挥了关键作用。这一系列战役使德意志各州摆脱了法国的控制

米歇尔·内伊

法国人
职位：元帅

面对敌人的炮火，内伊因其英勇无畏而备受赞誉。
他是一位无所畏惧的将军，但为了生存，他愿意改变立场。

米歇尔·内伊的崛起与拿破仑有着惊人的相似之处。作为一个铁匠的儿子，内伊从小就坚信当兵是他的人生选择。1788年，他加入了一个骠骑兵团。在法国大革命期间，年轻的他因作战英勇而名声大振。

内伊因作战投入、会鼓舞士气而闻名，1796年，尽管他并不想晋升，但还是被任命为将军。到了人生这个阶段，他在各种战役中受了无数的伤，如在次年的新维德战役中，他为保卫法军大炮与奥地利枪骑兵对抗，从马背上摔了下来。

1803年，内伊开始插手"外交"事务。他与4万名士兵一起被派往瑞士，以确保拿破仑的《调停决议》（一项部分重建国家主权的协议）的条款得以执行。

次年，就在拿破仑加冕为皇帝的第二天，内伊没想到自己和其他13人一起被任命为帝国元帅。他很快报答了拿破仑对他的信任：在1806年耶拿战役和1807年埃劳与弗里德兰战役中取得了胜利。然而，对于这位反复无常的将军来说，收获的并不都是荣誉和奖励。他在西班牙的一次战役中因不服从命令而被遣送回家，颜面扫地。

对内伊来说，值得庆幸的是，拿破仑于1812年入侵俄国失败，这给了他一个重新点燃自己军事生涯的机会。作为后卫部队的统帅，尽管不断地受到炮火的轰击，但他却奇迹般地击退了俄军。

1814年，随着盟军逼近巴黎，拿破仑需要再一次勇敢地战略转移，这种局面最终使内伊背叛了拿破仑。内伊向皇帝报告说他的军队拒绝撤退，而拿破仑却坚决要求他的军队服从命令。但内伊反驳："陛下，军队只听命于它的将军。"内伊的背叛使拿破仑不得不退位。

拿破仑被流放后，内伊敏捷地表示效忠复辟的波旁王朝。但这个誓言也只持续到1815年拿破仑归来之时。内伊极不情愿地表示再次效忠拿破仑，并在之后的四臂村战役中指挥法军的左翼部队作战。

> **内伊精明地表示效忠复辟的波旁王朝。**

▲ 内伊被拿破仑形容为"勇士中的勇士"。他是1812年法军从俄国撤退期间最后一个重渡涅曼河的人

罗兰·希尔

英国人
职位：第2军团指挥官

威灵顿公爵认为希尔是他的指挥官中最值得信赖的，他也深受部下的喜爱。他在滑铁卢战役最后的几个阶段发挥了关键作用。

罗兰·希尔于1772年8月11日出生于什罗普郡。其父亲是一位富有的地主，名叫约翰·希尔爵士，第三准男爵；其母叫玛丽。他在切斯特的国王学校接受教育后，于1790年加入军队，成为第38步兵团的一分子。事实证明，军旅生活是非常符合他的天性的。

希尔以关怀和体贴周到的性格而闻名。他被称为"希尔爸爸"，并受到他手下的普遍爱戴。为了回报他的慷慨，希尔的手下在他辉煌的军事生涯中多次在战斗中表现出色。

1801年，希尔卖力地把法军赶出了埃及（在这场战斗中，一颗流弹击中了他的头部，差点让他丧命）。1805年，希尔被提升为少将。他的晋升是天经地义的，因为他在半岛战争中取得了一连串意想不到的胜利。然而，他本来并不一定这么幸运。

1809年7月，在塔拉韦拉战役前夕，希尔在一次夜间行动中差点被法军俘虏。据说，这件事让他第一次说了脏话。对威灵顿来说，幸运的是，希尔不仅逃脱了被俘的厄运，而且在1812年，当公爵在萨拉曼卡粉碎法军时，希尔首先盯守，然后控制了沦陷的巴达霍斯城。

可以说，希尔最令人瞩目的时刻是在1813年12月的尼夫战役中。面对在尼夫河东岸的让-德迪乌-苏尔特将军所率的3万人马，希尔只用了1.4万名士兵和10门大炮便成功地击退了他们的进攻。

不到两年后，希尔在滑铁卢指挥第2军团作战。在战斗接近高潮时，他领导了对帝国精锐近卫军的攻击。

希尔在一次夜间行动中差点被法军俘虏。据说，这件事使他第一次说了脏话。

▶ 亨利·佩吉特在滑铁卢战役中率领骑兵冲锋，击退了戴尔隆的进攻

亨利·佩吉特

英国人
职位：军官

这位既在议会任职又在军队服役的刚毅军官，是滑铁卢战役中沉着冷静的英国人的化身。

像许多同时代的人一样，亨利·佩吉特也身入政治和战争的前沿中。他在1790年大选中经历了第一次"火的洗礼"。在这次大选中，他被选为北威尔士卡那封的国会议员。直到1796年被他的兄弟爱德华取代之前，他一直担任这个职务。

在佩吉特职业生涯的这个阶段，这位未来的第一任安格尔西侯爵参加了注定要失败的佛兰德战役。他在1794年作为第80步兵军团（一个志愿团）的指挥官崭露头角。

1795年，佩吉特开始在英军服役，成为一名成熟的职业军人，之后成为了西班牙约翰·穆尔爵士部队的骑兵指挥官。佩吉特在这片散兵出没的尘土飞扬的土地上脱颖而出。

佩吉特是一个愿意冒巨大风险以换取更大回报的人。在西班牙期间，他一直敢于攻击数量上占优势的敌军分队。1808年12月21日，他在萨阿贡战役中取得了令人瞩目的胜利。

尽管比法军少两个军团，但佩吉特还是大胆地指挥第15骠骑兵团（约400人）向大约600名法军龙骑兵发起冲锋。法军被这个出人意料的军事行动震惊了。他们彻底被击败，伤亡惨重，167名士兵被俘。

同年晚些时候，在贝纳文特战役中，佩吉特又取得了一次胜利。之后，他因带领英军撤退到科伦纳而受到指控。不幸的是，对佩吉特来说，随着被解职，他的光辉岁月变得短暂。

1812年3月，在父亲去世后，佩吉特成为阿克斯布里奇伯爵。1815年，他被授予骑士称号。不久之后，他被任命为比利时的骑兵指挥官。相对黯淡的时期结束了。

几个月后，在滑铁卢战役中佩吉特的右腿被炮弹炸掉，于是就有了他与威灵顿公爵非常著名的一段对话。"天哪，先生，我失去了一条腿。"佩吉特喊道。"上帝啊，真的是啊！"公爵的回答相当镇定，如泰山崩于前而面不改色。

戴尔隆伯爵让-巴蒂斯特·德鲁埃

法国人
职位：将军

如果不是军事上的协同混乱，德鲁埃本可以在滑铁卢战役开始之前确保拿破仑取得压倒性的胜利。

让-巴蒂斯特·德鲁埃于1765年出生于兰斯；1782年参军，服役5年，直到1787年退伍。德鲁埃离开军队是暂时的，因为他在1792年再次报名参军。仅仅两年后，他的军事生涯出现了转机——他被任命为勒菲弗将军的副官，直到1796年。

作为一名精干的士兵，德鲁埃在法国大革命和拿破仑战争期间一次又一次地展示了他的才华。尤其是在奥斯特里茨战役中，他的师团为战斗的胜利做出了巨大贡献。

1807年，德鲁埃成功地包围但泽城，迫使城内的普鲁士军投降。接着，他帮助拿破仑在弗里德兰取得了进一步的胜利。在这场战斗中，德鲁埃脚受了伤。作为表彰，他获得了一笔退休金和戴尔隆伯爵这个头衔。然而，这些都没有阻止他在政变发生时变节。

1814年拿破仑退位后，德鲁埃迅速宣誓效忠复辟的波旁王朝。虽说这更多的是出于生存的愿望，而不是对君主制的忠诚。

德鲁埃因密谋反对波旁王朝而被捕。他一逃出厄尔巴岛就投奔了拿破仑。

在比利时，德鲁埃负责指挥法军第1军团，但他的参战经历令人感到沮丧。当拿破仑和格鲁希元帅在利尼进攻布吕歇尔的军队时，前者命令德鲁埃突袭普鲁士军右翼。然而，正当他准备出击的时候，可怜的德鲁埃接到了绝望的米歇尔·内伊的命令——要他支援四臂村。

当德鲁埃的士兵赶往四臂村时，他又接到了另一份命令——苏尔特元帅命令他返回利尼。等他赶到战场时，他的部队人疲马乏，无力攻敌，使拿破仑失去了消灭普鲁士军的机会。为这个错误付出的代价是惨重的。

▲ 德鲁埃是一名木匠的儿子。在开始军旅生涯之前，他曾接受过锁匠培训

埃曼努尔·德·格鲁希

法国人
职位：将军和元帅

无论是在滑铁卢战役之前还是在战役期间，这位杰出的老兵都因指挥失误，使扼杀威灵顿的唯一希望破灭了。

埃曼努尔·德·格鲁希出生于巴黎的一个贵族家庭。虽在皇室周围长大，但在革命爆发时，他仍然是革命的坚定支持者。他拥护更民主的治理方式，所以在1793年为了捍卫革命，他镇压了旺代的保皇派起义。之后，他被提升为少将。

1799年8月，在意大利西北部的诺维战役中，法国共和军被奥俄联军的5万人击溃，德·格鲁希是失利的一方。尽管遭遇了失败，但他还是出色地组织部队进行了有序的撤退，避免了儒贝尔将军全军覆没。德·格鲁希冒着枪林弹雨冲锋陷阵，为此他受伤14处，最终被俘。

回到法国后，虽然德·格鲁希不支持推翻王室的政变，但他还是为法国执政府效力。1801年，他受雇于拿破仑。在为这位未来的皇帝效力时，他在奥地利、波兰、普鲁士和西班牙等地一系列战场上表现神勇。然而，就像滑铁卢战役中的其他指挥官一样，因拿破仑一反常态的糟糕表现，德·格鲁希也跟着遭了殃。

在利尼战斗之后，一举消灭遭受重创的普鲁士军的时机已经成熟。但是，拿破仑并没有立即展开追击，而是奇怪地等到近中午时，才派德·格鲁希率领3.3万名士兵和96门大炮去消灭冯·布吕歇尔，并告诉他"用剑狠狠地刺入他们的胸膛"。

在整个战役中，德·格鲁希先是把普鲁士军的后方部队错当成了整个溃败军队的残余力量。这一误判是灾难性的。而且后来他没能追上他们，让他们逃了出去，并在瓦夫尔重新集结。

▲ 在其有生之年，德·格鲁希结过两次婚，育有5个孩子，写了同等数量的书

> 他派德·格鲁希率领3.3万名士兵和96门大炮去消灭冯·布吕歇尔的人马，并告诉他"用剑狠狠地刺入他们的胸膛"。

奥古斯特·奈德哈特·冯·格奈泽瑙

**普鲁士人
职位：大元帅**

当他的同胞被击败，仓皇逃跑时，
冯·格奈泽瑙做出了一个决定了滑铁卢战役结局的决定。

奥古斯特·冯·格奈泽瑙于1760年出生于萨克森的一个贫困家庭。在爱尔福特大学学习两年后，1799年他初入军旅生活，并决定加入驻扎在那里的一个奥地利军团。这一选择间接使冯·格奈泽瑙成为安斯巴赫亲王的上尉；之后在美国独立战争期间，在加拿大为英军服役。作为协议的一部分，他监视亲王的一个团为英国作战。

1782年到1783年，冯·格奈泽瑙参加了一场战斗。这场战斗为他未来的作战策略提供了有用的经验。在1786年回国之前，他申请并获准加入了普鲁士步兵团。1806年，冯·格奈泽瑙为普鲁士征战。在这期间，他取得了许多场胜利，令人印象深刻。其中之一是保卫科尔贝格要塞，抵御了法军的进攻。这一成绩使他理所当然地获得了久负盛名的"功勋"勋章，并被提升为中校。

没过多久，这位精力充沛的萨克森人就投身于里程碑式的重整普鲁士军的任务中。这项工作需要他与军事局局长格哈德·冯·沙恩霍斯特密切合作。这两位富有远见卓识的人一起建立了总参谋部的雏形，实行预备制兵役制度改革，包括军队的快速训练、取消出生特权及引进基于战功的晋升方法等内容。

1813年5月，沙恩霍斯特在吕岑战役中负伤去世，冯·格奈泽瑙再次被提升为参谋长，由冯·布吕歇尔将军任命。正是在这个职位上，冯·格奈泽瑙进一步参与到战事当中来。这一次是在波兰，从1793年到1794年。之后，他花了大量时间研究军事和政治史。在滑铁卢战役之前，将实战经验和学术研究结合被证明是极其重要的。

格奈泽瑙在利尼惨败之后，接管了溃不成军的普鲁士军，冷静地将其带到瓦夫尔的集结点。这使这些士兵重整旗鼓，准备在18日再次出征，届时他们将决定此次战役的结局。

▲ 英普联军在滑铁卢取得胜利之后，冯·格奈泽瑙赶在威灵顿之前到达巴黎

没过多久，这位精力充沛的萨克森人就投入到里程碑式的重整普鲁士军的任务中。

托马斯·皮克顿

英国人
职位：中将

皮克顿以他的才华和残暴著称。
他的死就像他生前一样，
让他的对手们心惊胆战。

▶ 皮克顿在去世时是彭布罗克区的现任议员。这是他在1813年获得的一个席位。

威灵顿公爵把托马斯·皮克顿描述为一个"粗野、满嘴脏话的魔鬼"，一个不可轻视的人。1758年，皮克顿出生在彭布罗克郡。1773年，他加入了驻扎在直布罗陀的第12步兵团。1778年，在这个团被解散时，负责镇压叛乱的差事落到了皮克顿身上。他被告知说，做好了这件事，他将被晋升为少校。但这并没有实现，于是他开始了一段退役生活，他横渡大西洋去了西印度群岛。

1797年，英国入侵特立尼达岛后，皮克顿被任命管理这块新占领的领土。正是在担任这一职务期间，他的残暴习性突显出来。

1801年12月7日晚，住在他对面的一位西班牙商人告诉他，一个十几岁的女孩从他厨房的盒子里偷走了价值2000西班牙元的巨款。嫌疑人是14岁的路易莎·卡尔德龙。尽管她年龄不大，但皮克顿认为，为了让她认罪，有必要对她施酷刑。绑住卡尔德龙的手腕，强迫她一条腿站在木钉上，这是一种极其痛苦的审讯方法。1806年，皮克顿在英国因使用酷刑（以及其他指控）而被定罪。然而，在1808年的复审中，他的辩护人成功地辩称，当时所采取的措施是西班牙法律允许的，因为特立尼达先前处于西班牙的统治之下。皮克顿很快被无罪释放。

尽管皮克顿的过去有诸多波折，但他还是在半岛战争期间被允许在英国军队中服役，并表现良好。直到1815年，拿破仑从厄尔巴岛逃跑后，他被任命为第5步兵师指挥官。

虽然皮克顿在四臂村战役中受了重伤，但在之后的滑铁卢战役中再次显示了为人称道的勇气胆量。当时他率领骑兵阻止了戴尔隆伯爵对威灵顿中军的进攻。在这一过程中，皮克顿被一颗子弹击中太阳穴，不幸身亡。这使他成为在那一天死去的级别最高的盟军军官。

皮克顿在四臂村战役中受了重伤，但他还是率领骑兵冲锋，阻止了戴尔隆伯爵的进攻，并再次展现了他的勇气。

杰罗姆·波拿巴

法国人
职务：第6师指挥官

杰罗姆·波拿巴经常让他的哥哥难堪。
他终于在争夺霍高蒙特的血腥战斗中走出了拿破仑的阴影。

比拿破仑小15岁的杰罗姆·波拿巴的才华天赋远不及他哥哥，但他总是想打一场硬仗为自己扬名。尽管1802年他加入法国海军是为了取悦他哥哥，但在他一生大部分时间里，他似乎总是做些惹他哥哥不快的事。

他的第一个错误是娶了伊丽莎白·帕特森，一位来自美国巴尔的摩市的漂亮社交名媛。

这场婚姻与拿破仑的称霸野心并不相符，他想让他的兄弟姐妹都和欧洲的王室家族联姻，从而在战略上结盟。事实上，他对杰罗姆选择的妻子非常不满，以至于规定在他死后，由他的哥哥约瑟夫继承王位，路易是第二顺位继承人。这样杰罗姆被从王位继承人中剔除了。

即便如此，拿破仑还是在1807年让杰罗姆成为威斯特伐利亚的国王，一个在德意志西北部新建立的王国。尽管在这之前拿破仑曾写信给约瑟夫，哀叹杰罗姆："这个年轻人让我付出的代价是难以想象的。"

此时，杰罗姆已经经历了战争——1806年至1807年在莱茵河战役中指挥第9军团。1812年，他再次被委以重任，带领波兰第5军团、萨克森第7军团和威斯特伐利亚第8军团出征莫斯科。这次出征注定是失败的，委他以重任也是灾难性的错误。杰罗姆不知何故未能包围并摧毁彼得·巴格拉季翁亲王6.2万人的军队，因为包围敌军似乎看起来比让他们逃掉更容易。

拿破仑痛斥杰罗姆的无能，取而代之的是达武。这使他气冲冲地回到了德国。杰罗姆花了近3年才挽回自己的声誉。他在滑铁卢混战中，为占领霍高蒙特农庄领导了对英军的第一次进攻。

杰罗姆在血流成河的激战中勇敢地战斗了一天，无数法国人为此丧命。最后，他得到了拿破仑的赞扬："兄弟，我真遗憾这么晚才认识你。"

> **杰罗姆被达武取而代之。这一耻辱使他气冲冲地回了国。**

◀ 拿破仑在1870年让杰罗姆成为威斯特伐利亚的国王

詹姆斯·麦克唐奈

英国人
职位：将军

面对法军对盟军侧翼的无情进攻，
麦克唐奈鼓舞士兵坚守阵地，击退敌人。

1781年，这个真正牵制拿破仑军队的人出生在一个高地氏族。就像当时这些古老的苏格兰家族所常做的那样，麦克唐奈的家族把他送到法国的杜埃接受教育。

1794年，年仅12岁的麦克唐奈成为了独立连队的少尉。由于表现良好，他被提升为第78步兵团的中尉；次年12月，他成为第17轻龙骑兵团的上尉，并在那里服役了9年。

1804年，第78步兵团第2师成立，麦克唐奈成为了少校。他的新职将他带到那不勒斯和西西里。1806年7月，他在马伊达战役中表现英勇。这场战役是由英国挑起的，目的是阻止拿破仑的军队入侵西西里。麦克唐奈也参与了埃及战役，并把法国皇帝从法老的土地上赶了出去。

1809年，随着半岛战争继续在欧洲大陆肆虐，阿瑟·韦尔斯利任命麦克唐奈为他在葡萄牙的幕僚。在韦尔斯利身边工作了两年后，麦克唐奈被调到冷溪近卫步兵团担任上尉。

麦克唐奈之所以名垂青史，是因为在滑铁卢战役中的表现。在战役的前一天晚上，麦克唐奈奉命带领一支约1500人的分遣队驻守在霍高蒙特农庄附近的石头农舍中。麦克唐奈很快就着手加固了石屋和庭院周围的防御工事，因为他知道第二天早上就会受到敌军猛攻。

第二天上午将近11点30分，拿破仑下令炮轰环绕霍高蒙特的城墙，然后让他的兄弟杰罗姆进攻。尽管寡不敌众，面临无情的攻击，麦克唐奈还是出色地指挥着他的士兵，并设法顶住。在敌人拥入的时候，他一度不得不和他的中士詹姆斯·格雷厄姆一起强行关闭通往院子的大门。

▲ 麦克唐奈因在滑铁卢战役的表现获得了3项奖励，并于1855年，也就是他去世的两年前被授予骑士称号

威廉·庞森比

盎格鲁-爱尔兰人
职位：少将

威廉·庞森比是参加萨拉曼卡战役的一名老兵。他在投身滑铁卢战役之前，在无数战役中无私地为国家奉献。

▲ 庞森比的叔叔是下议院的反对党领袖。他的妹妹嫁给了后来的首相格雷伯爵

威廉·庞森比（从1806年开始被称为"威廉·庞森比阁下"）并没有多少人脉资源。庞森比是威廉·庞森比——爱尔兰科克郡伊莫基利地区的第一男爵庞森比的次子。小庞森比在就读剑桥大学之前，曾在基尔肯尼学院接受教育。

在与乔治娜·菲茨罗伊（南安普敦第一男爵查尔斯·菲茨罗伊的小女儿）结婚后，庞森比于1796年进入政坛，担任爱尔兰下议院班顿布里奇的议员。

与当时的许多议员一样，庞森比很快就被征召。他于1811年10月抵达伊比利亚半岛，担任第5龙骑兵团指挥官。庞森比很快就证明他在战斗中和在议会中一样能干。1812年7月，他参加了萨拉曼卡战役中一场著名的骑兵冲锋，目睹了整个法军步兵师的溃败。

滑铁卢战役需要他这样的骑兵勇士。15点左右，当法军猛烈的炮火不断地轰击日渐式微的英军中军时，庞森比在出色地反击了戴尔隆的第1军团后，掉过头来率领部队，大胆冲锋，击败了攻击者。

首战告捷，让联邦旅忘乎所以，分散开来四处追捕他们的猎物。法军镇定下来之后，进行了反扑，第4枪骑兵团痛打散乱的英国骑兵，追逐庞森比。庞森比很快发现自己陷入了泥潭中，再也走不动了，只好下马站住。

法军认出了他的军衔，示意他投降，但不幸的是，庞森比误解了这个要求。正当他的战友纵马要营救他时，一位名叫弗朗索瓦·奥尔班的法军中士用长矛击倒了他，并把他的剑作为战利品夺走了。

弗里德里希·威廉·弗赖赫尔·冯·比洛

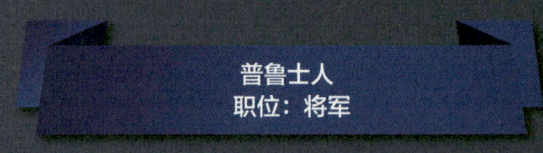

普鲁士人
职位：将军

不管是捧着乐器还是持着步枪，冯·比格将军都是一位颇具才华的领袖，也是拿破仑的眼中钉。

▲ 冯·比洛向威灵顿保证至少有3支普鲁士军团将在滑铁卢支援英军。这也是公爵顽强抵抗的唯一原因

弗里德里希·冯·比洛是一位备受尊敬的士兵和军事学者的儿子。在其辉煌的军事生涯开始之前，他接受了普鲁士贵族的教育。

1768年，年仅13岁的冯·比洛参军，并于4年后成为了一名海军少尉；1775年，晋升为第二中尉；1778年，他在一场后来被称为"土豆战争"的小型冲突中发挥了作用。为了挫败奥地利帝国夺取巴伐利亚州的阴谋，萨克森-普鲁士联军与哈布斯堡王朝的军队发生了一系列小型冲突，但没有造成多少伤亡。然而，随之而来的饥荒夺去了成千上万人的生命。

之后，冯·比洛享受了一段相对平静的时光。在这段时间里，他致力于研究军事史。因热衷于此，他在1792年被任命为路易斯·斐迪南亲王的军事教官。然而，冯·比洛很快又回到了前线，并在1793年参加了美因茨围攻战，为此他获得了功勋勋章和少校军衔。

1802年，冯·比洛被派往波兰执行驻防任务。随后结婚，并生下了几个孩子，但不久后他不幸失去了妻子和两个孩子。令人费解的是，1806年当普鲁士派遣军队再次与拿破仑对抗时，冯·比洛被忽视了。1813年，他高调回来征战沙场。在大贝伦战役中，为保卫柏林，冯·比洛与尼古拉·乌迪诺的军队进行了激烈的战斗。

9月，在登讷维茨，冯·比洛的军队又取得了一次胜利——让5.8万人的法军损失了2.1万人，又一次挫败了拿破仑夺取柏林的计划。10月，冯·比洛在莱比锡参加了一场规模庞大的战役，率领60万士兵和2200门大炮参战。拿破仑惨败。

冯·比洛肩负着将法军赶出低地国家的任务。他的出色表现再一次令人钦佩。他一路追击敌人，把他们赶回法国，然后在拉昂战役中与冯·布吕歇尔联合作战，并再次取得胜利，使盟军得以在1814年3月进军巴黎。

拿破仑一定认为冯·比洛与他有私仇，因为这个普鲁士人再一次证明了他是一个无法撼动的对手。在法军失势时，他发起了对皇帝左翼部队的决定性进攻。

拿破仑一定认为冯·比洛与他有私仇。

荷兰威廉二世

荷兰人
职务：盟军第1军团将军

威廉二世受到本国人民和庇护他的英国人的爱戴。回国后，他被誉为"滑铁卢战役的胜利缔造者"。

虽然威廉二世作为君主享受着王室待遇，但他早年的生活并不轻松。1792年，威廉出生在努儿登堡宫。1795年，威廉和他的家人因法国入侵荷兰而被迫流亡。

然而，没过多久，这位未来的国王就回到了欧洲大陆，在柏林度过了他的大部分青春时光。在德国期间，他在普鲁士军队中服役。成年后，当威廉在牛津大学学习法律时，英格兰再次召唤了他。

1811年，年仅19岁的威廉被聘为威灵顿公爵的副官，并有幸在半岛战争期间目睹这位才华横溢的指挥官的表现。按照惯例，同年6月，他被任命为中校；10月，被任命为上校。值得庆幸的是，他被迅速提拔并没有引起他的战友的怨恨。他们欣赏他的勇敢和幽默，并亲切地给他起了个绰号——"苗条的比利"。

1815年，在拿破仑返回法国时，威廉已经是低地国家盟军中最高级别的军官。在阿瑟·韦尔斯利到来时，他放弃了这一职位。然而，尽管他身居高位，但四臂村之战却是威廉第一次体验前线作战。

作为盟军第1军团的将领，威廉在十字路口的交战中毫发无损，但在两天后的滑铁卢之战中受了伤。回国后，满怀感激的民众赠送他位于乌得勒支省的富丽堂皇的索斯戴克宫。这是对他在滑铁卢战役中做出贡献的极大肯定。

◀ 在里士满公爵夫人举行的著名舞会的晚上，威廉二世通过一封封快信让威灵顿及时了解到拿破仑的闪电推进

他被迅速提拔却没有引起他的战友怨恨。他们欣赏他的勇敢和幽默，并亲切地给他起了绰号——"苗条的比利"。

三军之战

欧洲各国征召了百万大军来阻挡拿破仑。
但他们的军队缺乏训练,大多数人都没做好参战准备。

如果拿破仑能够分头对付这两支军队,便很可能获胜。

第七次反法同盟是由英国、奥地利、俄国和普鲁士组成的联盟。每个国家都承诺出兵15万来阻止拿破仑重新掌权。随后,又有12个欧洲国家加入该联盟,很快军队人数就增至百万。但拿破仑的计划是快速出击,智取盟军。到1815年6月18日,只有英国和普鲁士军能与他抗衡。

滑铁卢战役被普遍认为是一场由威灵顿率领英军战胜拿破仑的决定性战役。事实上,这些说法都是错误的。威灵顿的军队中只有三分之一是英军和爱尔兰军,其余的士兵来自欧洲大陆各地,讲德语的士兵人数实际上超过了英军。拿破仑也不是法国的皇帝。他是一个亡命徒;他率领的也不是国际社会上公认的法国合法政府的军队。事实上,法国也是第七次反法同盟的一员。

所以从某种意义上讲,法国确实在滑铁卢取得了胜利!

最重要的是,滑铁卢战役的胜利并不完全是威灵顿的功劳。他的确打了一场漂亮的防御战,但如果没有下午晚些时候到达的另一支军队的增援,他是不可能击败拿破仑的。这就是由冯·布吕歇尔将军指挥的普鲁士军。如果拿破仑能够分头对付这两支军队,便很可能获胜。但如果拿破仑继续征战,是否能重新征服欧洲就值得怀疑了。因为在施瓦岑贝格元帅指挥下的奥德联军中还有25万人要与之对抗,另外还有20万俄国人正向西挺进。所以,滑铁卢战役的结果取决于3支军队——英军、普鲁士军和法军的力量和决心。

英军

这支军队中的士兵来自不同国家。
他们的战斗经验和所受训练不一样,但却要并肩作战。
尽管人数不多,装备不良,但他们已准备好抵挡法军。

威灵顿于1815年4月到达布鲁塞尔,指挥法兰德斯盟军。当时,这是一支由英国士兵和来自汉诺威公国的德意志士兵组成的小股力量。自1814年半岛战争结束以来,这些德意志士兵一直驻扎在荷兰边境。由于1812年战争刚刚结束,英国大部分善战的士兵还驻扎在美国,而之前与拿破仑交过手的士兵几乎都被遣散了。在之后的3个月里,德意志拿骚公国和不伦瑞克公国的士兵及1.7万名荷兰步兵加入了英军。这才使威灵顿的军队实力大增。

即使在英国军队内部,也有6000名士兵属于英王的德意志军团。因为国王乔治三世也是汉

▲ 威灵顿公爵身穿相对深色的军服,命令英军前进

诺威人，所以这是一支在英国指挥下的德国部队。他们是盟军中最有经验的，也是唯一曾对抗过拿破仑的部队。在威灵顿指挥的这支部队中，只有不到13%的人以前有过战斗经验。威灵顿形容他们"缺乏经验、软弱和装备不良"。他们的国籍、训练水平和经验千差万别。对他们来讲，协同作战更是一个严峻的挑战。威灵顿对荷兰和比利时士兵特别不信任，因为他们中的许多人以前曾为法军效力，可能暗地里同情拿破仑。

威灵顿主要用两种方法来应对涣散问题。在战役前几周的社交活动中，他努力使盟军的多民族特性融合成为一种。他禁止在音乐会上演唱《统治吧，大不列颠》，并特别注意在士兵的帽子上插上各国的礼仪羽毛。在战场上，他穿了一套朴素的服装，颜色较深，没有明显的军衔标志。这使他在战斗中与士兵们打成一片，也不用担心成为狙击手的目标。他把军队分成两个步兵军团，再加上一个后备团和一个骑兵团，由阿克斯布里奇勋爵指挥，并确保部队由不同国籍的老兵和新兵混合组成。

威灵顿有156门大炮，而拿破仑有252门。他的骑兵数量也比拿破仑少，但他最需要的是步兵。因为没有步兵的支援，炮兵和骑兵是不能有效发挥作用的。要打败拿破仑，他需要与从东面赶来的普鲁士军会合。拿破仑也知道这一点。6月16日，就在滑铁卢战役的两天前，拿破仑派内伊元帅到四臂村的十字路口去阻止两军的会合。当时四臂村只有荷兰军队稍作防御。不伦瑞克公爵就是在那里阵亡的。内伊率领的法军占据优势，但他却过于谨慎，没有强攻。随着时间的推移，更多援军从苏格兰高地赶来，迫使双方战成平局。第二天，威灵顿在骑兵和炮兵的掩护下撤退了，这样他就能把他的全部兵力部署在滑铁卢附近的圣让山山坡后。

6月17日晚，威灵顿只剩下6.8万名士兵。他禁止他们抢劫周围的村庄和农场，这使得大多数士兵没有食物和住所。一场暴雨倾盆而下，他们不得不用成捆的干草和从树上砍下来的树枝临时搭起简陋的避雨处。步兵们在日记中清楚地写道，他们度过了漫长而悲惨的一夜。

但是威灵顿是防守战术的大师。他从来没有输过，而他也是拿破仑唯一没有打败的指挥官。他知道，只要坚守阵地的时间足够长，等普鲁士军到达，他就能取得胜利。山脊可以保护他的部队不受炮火直接攻击，借机他们还可以充分做好战斗准备。为了抵抗骑兵的冲杀，他将有限的步兵组成防御方阵。每面各有两排步兵，第一排手持刺刀蹲在地上。马拒绝冲进这堵由尖刀组成的墙，而是绕着奔跑。这使得骑兵在方阵后的两三列步兵的火力面前不堪一击。如果他们撤退，山脊后面的山毛榉树林会为他们提供掩护。

威灵顿对荷兰和比利时士兵特别不信任，因为他们中的许多人以前曾为法军效力，可能暗地里同情拿破仑。

▲ 威灵顿公爵在苏瓦涅巡视前哨

法军

一些狂热但性情不定的退伍军人团结起来，想要实现10年前拿破仑捍卫的革命理想。

拿破仑的军队并不是那支1805年在奥斯特里茨战胜俄国和奥地利帝国的威名远扬的大军，这支传奇的战斗部队在入侵俄国时被击溃了。1812年6月，在开战前拿破仑手下有68.5万人。然而，6个月后，他带着不足10万名士兵一瘸一拐地回到了家。

几乎所有幸存的非法国籍士兵（包括荷兰、奥地利、波兰和德国士兵）都直接返回了自己的国家。1814年拿破仑退位，被流放到厄尔巴岛，君主制在国王路易十八的统治下得以恢复。为了支付最近几次战争的费用，路易解散了一半的法军，1.2万名军官只能拿一半的工资。大多数被解职的士兵都是职业军人，没有其他的行当可以选择。军队士气低落，反保皇主义情绪再次蔓延。

1815年2月，拿破仑从厄尔巴岛逃脱，带着由700名士兵和300名科西嘉步兵组成的贴身护卫在法国南部戛纳附近登陆。一直监视拿破仑的英国上校尼尔·坎贝尔爵士说，拿破仑已经离开，于是路易十八派军团去拦截。然而，拿破仑的号召力和魅力如此之强，以至于当国王的军队遇到他时，便立即归附于他。

▲ 拿破仑从厄尔巴岛逃跑后，他的老部下欣然投奔了他

米歇尔·内伊曾在俄国在拿破仑麾下作战，但在1814年叛乱中，他带头迫使拿破仑退位。为了表明他对法国国王的忠诚，他发誓要把拿破仑"关在笼子里"带回来。可当他与拿破仑面对面时，他又立即改变了立场。

当拿破仑一到达巴黎，不费一枪一弹就夺回了王位时，发现自己只有4.6万名士兵可以投入战斗。两个月后，即1815年5月底，他成功地将军队人数扩大到19.8万，另外还有6.6万名新兵正在接受训练。尽管动员入伍的速度很快，但新招募的士兵都不是生手；实际上这是拿破仑自俄国战役以来最好的一支部队。他们不再被称为大军团，而被称为北方军团。来自法兰西帝国不同民族的军团消失了，现在每个士兵都是法国人。

新招募的士兵还没及时完成战斗训练，无法去滑铁卢作战，所以威灵顿面对的法军，在某种程度上算是老兵。19世纪的法国历史学家亨利·乌赛形容这支军队"性情不定，爱争辩，不守纪律，怀疑其指挥官，担心被背叛，因此也容易恐慌。但他们久经沙场，是好战的、渴望复仇的、能豁出命的，比其他任何法国军队，无论是共和国军队还是帝国军队，情绪更高昂，更有激情，更狂热"。这就是1815年的军队。拿破仑从未握过如此令人担心的"武器"，也从未握过如此脆弱的"武器"。

拿破仑将他的军队分为6个主力军团，还有另外4个骑兵军团和帝国近卫军作为后备队。每个主力军团由步兵、骑兵和炮兵组成，这样能在没有支援的情况下至少坚守阵地一天。他还把经验不足的士兵和久经沙场的老兵混合在一起。拿破仑军队中的军官几乎都是职业军人，其中四分之三是以士官或应征士兵的身份加入军队并一路被提拔起来的。这与英军形成了鲜明的对比。在英军中，超过90%的军官是上层阶级的绅士，

▲ 6月16日，法国步兵在利尼向前线挺进，以阻止试图支援威灵顿的普鲁士人

花钱得以委任，并不比普通士兵更有经验。法军不仅有丰富的战斗经验，而且装备也比盟军更好。拿破仑的胸甲骑兵，或称重骑兵，身穿钢制胸甲和背甲；步兵携带的步枪虽然不如英国贝克步枪精准，但射速更快；拿破仑的大炮数量比普鲁士军的少，但仍比威灵顿的多出100多门。在半岛战争中，拿破仑满腔热情地利用了先进的炮兵技术，以高度机动和精准的炮兵部队赢得了多次战斗。而英国皇家炮兵仍然依赖于志愿兵，并且从来没能招募到足够的炮手来提供足够的炮火支援。

普鲁士军

普鲁士军是一支由经验丰富的军官指挥但纪律松散的战斗力量。他们曾被拿破仑重创，想要报仇雪恨。

格布哈德·冯·布吕歇尔是一名职业军人。他于1758年开始在瑞典军队中任骠骑兵；1760年转至普鲁士军。他性情暴躁且鲁莽，有一次在未被晋升后一怒之下辞了职。1805年，他晋升为骑兵将军。在拿破仑战争期间，他至少7次面对拿破仑的军队，但只有一次获胜。1814年，他成为瓦尔施塔特亲王。由于无穷的精力和热情，他被称为"前进元帅"。

第七次反法同盟建立时，布吕歇尔受命指挥下莱茵河军队，包括12.25万名士兵和361门炮。这些士兵老少混杂，缺乏训练和经验。在过去的几次战争中，普鲁士的领土和资源被严重耗尽，几乎无法为这么庞大的军队提供食物和弹药。

虽然也有40多岁的士兵，但布吕歇尔的军队士兵大部分在17岁至25岁。普鲁士强制要求从20岁起开始服兵役，服役期为5年。但在抗击拿破仑的欧洲保卫战中，许多征兵人员睁一只眼闭一只眼，允许更年轻的人入伍。大多数士兵说德语，还有少数波兰人混居其中。许多德意志和普鲁士的公国都答应出兵参战，但花了很长时间才真正出兵，以至于布吕歇尔在滑铁卢作战时这些士兵没有及时赶到。而那些参战的士兵没有接受过良好的训练，彼此也不熟悉，无法形成一支有凝聚力的军队。

与拿破仑不同的是，布吕歇尔的军队非常依赖配备步枪的散兵，后者被称为"猎兵"。但步枪手的训练时间要长得多，所以布吕歇尔也没多少步枪手。他的军队中有三分之一是后备军人，这些人都已服完兵役，现在作为后备民兵保留下来。他们没有接受正规训练，只配有火枪。

拯救这支军队的是军官的素质。这些人几乎都曾在1806年与拿破仑交战过（有些人甚至与拿破仑并肩作战）。当时拿破仑打败普鲁士，迫使其不情愿地与法国结盟。1812年，两万名普鲁士士兵参加了拿破仑入侵俄国的战役，但他们所遭受的损失比法国大军要轻得多。他们的经验、组织能力和纪律使一支装备不足、动机不全的乌合之众团结在一起。布吕歇尔已经72岁了，对军队的日常管理严重依赖他的参谋长、中将奈德哈特·冯·格奈泽瑙。

名义上，冯·格奈泽瑙是军需官，实际上，他负责大部分军事计划和后勤保障。与拿破仑的

▲ 尽管布吕歇尔在利尼被他的坐骑压在身上，受了重伤，但他还是热情不减地带领他的士兵向滑铁卢挺进

北方军团不同,下莱茵河的军队完全省略了师级,而只简单地将每个军团分成4个旅,由步兵旅、两三个骑兵旅和一个炮兵旅组成。

这些旅有一种创新的进攻阵形,并教授给了每一位军官,让散兵与正规军协同作战。布吕歇尔的临时军队对法军怀有强烈的仇恨。这不仅是因为从1806年到1812年战争期间他们所受到的不公正对待,也因为两天前,他们在利尼战役中输给了拿破仑。他们带着高昂的士气投入战斗,布吕歇尔本人那种无法抑制的热情也激励着他们,但是他们的狂热常常伴随着无视纪律。

当战斗对他们不利时,他们很容易突然泄气溃逃;当形势对他们有利时,他们可能过于兴奋,浪费了弹药。炮兵部队尤其如此。比如,弹药已经耗尽的作战部队会被撤回到后面安全线内,新的作战部队同时迅速顶上去。这就意味着在战斗中如果普鲁士炮兵打得兴奋,很快就会把弹药打完,然后撤退到安全的地方。

不管威灵顿对他的军队有什么微词,普鲁士军的情况都更糟。卡尔·冯·米夫林将军对威灵顿说:"我们的步兵不像你们的步兵那样身强体壮,善于抵抗。我们部队的士兵大多太年轻,经验不足。"尽管如此,6月18日傍晚,普鲁士军队到达滑铁卢,迫使拿破仑不得不调转整个军队来保卫他的右翼。这些是拿破仑的后备部队,现已不能用来攻击威灵顿的中军了。

布吕歇尔的临时军队对法军怀有强烈的仇恨。

▲ 普鲁士步兵向拿破仑右翼的普朗瑟努瓦村发起猛攻,迫使他动用了后备军

滑铁卢战役的尖峰时刻

与滑铁卢胜利失之交臂,
拿破仑眼睁睁地看着他的征服梦想在一天内破灭。
最后,第七次反法同盟军把他驱逐到了流放地。

▲ 在四臂村的战役中,英军与法军枪骑兵为生存而战

法国在波旁王朝国王路易十八的统治下一片混乱。拿破仑·波拿巴,这位几乎成为欧洲霸主的前皇帝,嗅到了机会。他从厄尔巴岛流放归来时,只带了1000名忠诚的士兵。尽管如此,他还是把法国军队团结到了自己这一边,开始了他最著名的军事生涯的最后篇章。他对权力的争夺再一次接近成功,但最终在比利时滑铁卢附近的战场上结束了。

1815年6月18日,拿破仑满怀希望地踏上了失败之路。他的主要对手是威灵顿公爵。威灵顿公爵指挥着一支由英、德、荷兰的士兵组成的多国军队,还有格布哈德·列博莱希特·冯·布吕歇尔元帅率领的普鲁士军。拿破仑率领的13万北方军团在人数上远超威灵顿的7.2万人,也超过加上布吕歇尔一方的12万人。只要能够分别与他们交战,就能够击败他们。然而,如果敌军联合起来,他们庞大的人数是可能碾压法国军队的。对拿破仑来说,机会和风险都是显而易见的。

6月16日,拿破仑差一点就取得了对威灵顿和布吕歇尔两军的决定性胜利。在利尼,法军击溃了两支普鲁士军团,造成两万名士兵死伤,或弃旗而逃。当晚,布吕歇尔的参谋长,令人敬畏的奈德哈特·冯·格奈泽瑙伯爵凭借高超的组织技巧,在瓦夫尔附近重新组织了军队秩序,才使普鲁士军免于彻底溃败。与此同时,法军的左翼部队在拿破仑信任的米歇尔·内伊元帅的指挥下,在四臂村十字路口对威灵顿发起了进攻。

公爵对此非常意外,撤离了战场。但荷兰的奥兰治亲王派来了援军,以应对这一威胁,脆弱

▲ 一名普鲁士军官在里士满公爵夫人的舞会上通知威灵顿公爵:"布吕歇尔的军队正在利尼集结"

▲ 拿破仑在滑铁卢勘察战场。在那里,他的军队遭遇了失败,他的帝国复兴之梦也随之破灭了

天公不作美与最佳阵地

尽管拿破仑对滑铁卢战役的某些计划存在令人质疑的地方,但一些不可控的因素确实影响了这场战役的结果。前一晚的大雨把泥泞的道路和田地变成了泥沼,这减缓了骑兵的前进速度。马匹陷入了泥潭;而步兵的脚已经很痛了,但还不得不在泥泞中艰难前行。炮弹打在潮湿的土壤上,不能爆炸,即使爆炸,其破坏力也大大减弱。

阴湿的天气迫使拿破仑把他在滑铁卢的首次进攻推迟了4个小时。他希望地面会干一点。然而,这一决定使威灵顿有了更多的时间备战,也使得赶来的普鲁士军离战场更近,并最终影响了战局。

此外,是威灵顿选择了战场,他选择得很好。圣让山是一个坚固的防御阵地。威灵顿把他的大部分部队布置在山坡背面,避开了法军的视线。当炮火飞向他的中心地带和霍高蒙特农庄时,在一定程度上,这里可以保护他们不受猛烈炮火的攻击。战斗开始时,两支大军被不到半英里的麦田隔开了。

不堪的局势才得以稳定下来。

双方都犯了错误,差点全军覆灭。拿破仑没有把他的全部军队,即让-巴蒂斯特·德鲁埃元帅(戴尔隆伯爵)麾下的1.9万士兵,投入到利尼或四臂村战役中。这给了对手喘息的机会。而威灵顿和布吕歇尔对战斗准备不足,但他们确实是幸运的。布吕歇尔向威灵顿保证,如果和拿破仑打防御战,他会施以援手,于是威灵顿撤到圣让山的山脊处,在离比利时首都12英里的布鲁塞尔公路两旁部署兵力,等待法军进攻。对拿破仑不利的是,拿破仑对自己的胜利充满信心。他派出了三分之一的军队,在埃曼努尔·德·格鲁希元帅的指挥下,徒劳地追击普鲁士军。这位伟大的战术家还未打下一仗就失去了相当数量的兵力。而格鲁希犹豫不决,在听到滑铁卢的炮声时也没有赶过去增援,因此没有为战斗贡献一兵一卒。

6月18日早晨,拿破仑率领他的先头部队到达,占领了圣让山附近的一个山脊。当侦察兵发现威灵顿的散兵时喊道:"我看见那些英国兵了!我告诉你,威灵顿不堪一击,英军不堪一击,消灭他们只不过是一顿早饭的工夫!"拿破仑的极度自信导致了最终失败。他不相信大批普鲁士军(即使有的话,也只是一小部分)正在向滑铁卢进军。

拿破仑快速地估量了一下敌军的兵力部署:威灵顿驻扎在山脊高地上;前坡布置了密集的前哨。从右到左有3个重要的农场:霍高蒙特、拉海圣和帕佩洛特,可以作为防波堤,阻挡法军向中心进攻。威灵顿指示冷溪近卫军步兵团中校詹姆斯·麦克唐奈守住霍高蒙特,"将该阵地守到最后一刻"。

虽说滑铁卢战役是历史上最重要的战役之一,但人们对它的起始时间却存在争议。威灵顿回忆,战斗是在10点左右开始的,而其他人则认为时间是在11点30分左右。不过,历史学家们认为时间更接近中午。

不管怎样,骰子已掷出。法军在滑铁卢的第一击是在早晨晚些时候攻打霍高蒙特。这是拿破仑为了向圣让山的威灵顿中军发起进攻而进行的一次声东击西战,目的是牵制英军兵力。对霍高蒙特的进攻最初只不过是一场佯攻,但没承想,对农庄的攻占很快成了拿破仑志在必得的目标。

霍高蒙特血战

杰罗姆·波拿巴亲王执意强攻防御坚固的农庄,浪费了宝贵的时间和兵力。

一场倾盆大雨,让土路变得泥泞不堪。400名轻步兵拖着沉重的脚步下了山,被部署到浅滩上的农场附近。

守卫霍高蒙特

盟军加强了对农庄的防御

霍高蒙特是一个可以追溯到14世纪的农场。它由一组建筑群构成：一座主城堡、园丁宿舍、小礼拜堂、谷仓和棚屋，分布在一个封闭的庭院内。这些建筑物的东面是一个东侧和南侧带围墙的花园。花园的北面是一个小果园，还有一个大果园毗邻花园东侧。房子的南面是一片修剪整齐的树林，长320米，宽256米。

1.8米高的树篱环绕着整个农庄和树林、果园和花园。盟军需要守住南门。北面有两层嵌板的北门；西墙有一扇门；还有一扇花园门，连接着南面的庭院和花园；北门最初是敞开的，以接收来自主阵地的弹药补给。

6月17日晚些时候，冷溪近卫步兵团的轻步兵营在抵达后便开始建战斗阵地。在携带工具的先头部队的帮助下，他们在砖墙和石墙上凿出孔洞，建造能站在上面从墙内向外射击的台阶。这些措施把农庄变成了一个只有付出沉重代价才能占领的堡垒。

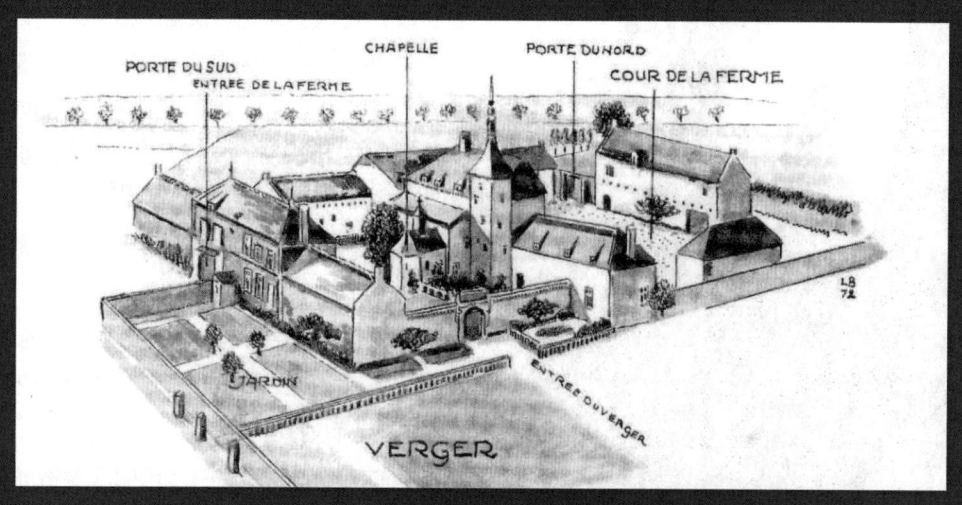

▲ 法军士兵拼力想进入霍高蒙特农庄，但最终徒劳

战斗日的13点30分，身强力壮的法军少尉勒格罗用斧头猛砍霍高蒙特农庄北门的木栓，这个木栓把两扇门连在一起。在他破门而入后，几十名法军士兵跟着他一起奋力杀入院子。随后是一场惊心动魄的厮杀。法军和英军的步兵为争夺农庄，用步枪、刺刀和拳头进行了肉搏战。

为了防止更多法军攻进来，冷溪近卫步兵团中校詹姆斯·麦克唐奈大声呼喊"关上大门"。见此情景，中校亨利·温德姆和下士詹姆斯·格雷厄姆及其他士兵都赶过来帮他。在更多法军试图闯进来时，他们强行关闭了沉重的大门。

院子里的英军开始逐一杀死被困在院里的法军士兵。为了助战友一臂之力，在院外守卫房屋、谷仓和棚屋的英国士兵也将枪头掉向农庄，向法军射击。经过一场短暂但血腥的交火，冷溪近卫步兵杀死了跟随勒格罗进入农庄的所有法军，只留下一个鼓手，他们放过了他。

1815年6月17日，在夜幕降临后不久，威灵顿公爵、陆军元帅阿瑟·韦尔斯利命令从第2和第3近卫军旅中抽调4个轻步兵连队去攻占霍高蒙特。这个农庄位于圣让山顶盟军作战前线。一场倾盆大雨使土路泥泞不堪，400名轻步兵拖

名汉诺威猎兵和100名吕纳堡人占领东侧的大果园。由亚历山大·弗拉泽中校、萨尔顿勋爵指挥的第1近卫旅的两个轻步兵连已经驻守在大果园里。这时他们以为任务已经完成，便开始带领部队回到圣让山山顶的主要阵线。但威灵顿命令他们留在大果园附近的草地上。在对霍高蒙特进一步勘察后，公爵命令果园里的拿骚和汉诺威军队转移到紧挨着农庄南边的树林里，这里也是前沿阵地。守卫霍高蒙特的1300名士兵，不包括萨尔顿的人，按如下方式部署，准备抵御法军的进攻：1000名拿骚、汉诺威和吕纳堡步兵守在空旷的树林中；200名冷溪近卫轻步兵部署在房屋、庭院和花园中；第3近卫轻步兵连的100人守在农庄南门附近外，盯住经过农场南侧的小路。

在霍高蒙特以南，法军将军查尔斯·雷耶率领的第2军团准备进攻。

拿破仑把声东击西战的任务交给了他的弟弟——杰罗姆·波拿巴亲王，让他指挥第2军团的第6步兵师攻打霍高蒙特。

他的策略是攻打农庄，迫使威灵顿不得不动用他的主力部队和后备队来增援霍高蒙特。

拿破仑在进攻的那天早晨告诉他的弟弟，攻占农庄不会有什么重大损失。虽然杰罗姆和他哥哥一样性格固执，但他没有哥哥的战术天赋，他当上将军纯粹是靠人人皆知的裙带关系。对霍高蒙特的攻击要比炮击早了90分钟，也标志着对盟军中军的主攻开始了。

杰罗姆的师由2个旅和96门炮组成。他决定让皮埃尔-弗朗索瓦·博迪安准将率领第1旅2000人首先发起进攻。11点30分，一队法军士

着沉重的脚步下山，被部署到了盟军右侧浅滩上的农庄附近。威灵顿决定把这个农庄变成一个据点，以挫败拿破仑·波拿巴的任何企图——不仅要打破其右翼，而且还要保护农庄不受正面攻击。

在战斗打响的早晨，公爵从其他旅增派了轻步兵来保卫农庄。他命令600名拿骚人、300

杰罗姆命令他的部队奋勇杀入农庄。他打算让他的师全力攻打霍高蒙特。

▲ 一辆载有武器弹药的小手推车抵达了霍高蒙特的庭院

兵横扫霍高蒙特外的树林，开始对拿骚人、汉诺威人和吕纳堡人发起猛烈进攻。紧随其后的是法军步兵营，分成3列前进。

威灵顿下令3个炮兵连投入战斗，以支援他们。2门9磅重的大炮专门瞄准雷耶的炮台和穿越空地的步兵。

与此同时，罗伯特·布尔少校率领的皇家乘骑炮兵部队（由6门榴弹炮组成）发射高射炮弹，炮击进攻花园和大果园的法军。榴弹炮直接射向霍高蒙特树林外空地上的博迪安部队。炮弹在空中爆炸，雨点般的弹片落在法军步兵的头上。

经过30分钟的激战，法军将盟军赶出了树林。树林里的残余部队加入了萨尔顿勋爵的队伍，后者在战斗打响时已经撤到大果园。法军第一次进攻的牺牲者之一是博迪安，他不幸受了致命伤。杰罗姆把第1旅的指挥权转交给了阿梅代-路易斯·德斯潘-库比雷斯上校。

杰罗姆无意于只打一场牵制战。为了向他的哥哥和同僚们证明自己的能力，他试图占领霍高蒙特。因此，他命令部队奋力杀入农庄。他打算全力攻打霍高蒙特。

法军在两米高的树篱上用斧头凿开缺口，使步兵可以攻击庄园和花园的围墙。一旦缺口打开，法军士兵必须冲过27米的空地才能到达城墙。而配有布朗贝斯步枪的英军趁机射出致命的子弹。空地上到处都是法军士兵的尸体。

在每一个冷溪近卫步兵的身后都有两三名战友，他们站在安全的位置上，递出已经上了子弹的枪，这使正常射击速度提高了一两倍。

战斗开始不到一小时，杰罗姆就命令让-路易·苏瓦将军从西边攻打庄园；又命令库比雷斯将军继续进攻大果园；还下令伊波利特·皮尔将军派骑兵支援苏瓦。英军第3近卫军的一个轻步兵连削弱了苏瓦的进攻，致使苏瓦没能攻进戒备森严的南门，但幸运的是，他进入了北门。当时在霍高蒙特西墙外作战的英军向北撤退，苏瓦的部队紧追不舍，少尉勒格罗和他的突击队趁机攻进了北门。这是法军当天唯一一次攻破该农庄。

雷耶命令马克西米利安·福伊所率的第9步兵师戈捷将军麾下第1旅的2000人加强了对霍高蒙特的进攻。他们对大果园发动了新一轮进攻。法军设法从侧翼包抄萨尔顿，把他从果园里赶了出来。

看到身穿蓝色制服的步兵密集地向农庄进攻，第2近卫步兵旅指挥官约翰·拜恩少将命令弗朗西斯·霍姆中校带领200名士兵，其中包括一支精锐掷弹兵连，支援萨尔顿。

萨尔顿的人撤退到山谷路。这条低洼小路在城堡的另一边，是东西走向的。当法军向东穿过大果园时，在花园东墙的麦克唐奈所指挥的冷溪近卫步兵向他们开火，造成了法军重大伤亡。

▼ 从霍高蒙特内射出的炮火粉碎了法军多次意欲突破坚固围墙的企图

苏瓦当时正指挥着从西南方对霍高蒙特的攻击。13点30分，他下令把6磅重的榴弹炮堆放在树林的东北角，从那里向农庄的屋顶发射燃烧弹。意识到这些燃烧弹炮的威胁，萨尔顿想率领一支掷弹兵突击队，让法军的大炮安静下来。然而，他的部队规模太小，无法与农庄外成群结队的法军相匹敌。法军密集的步枪火力击退了这次进攻。

为了反击炮兵的威胁，威灵顿在14点派弗朗西斯·赫伯恩少校率第2近卫步兵旅第2营的3个连赶往霍高蒙特。他奉命解救萨尔顿，并试图夺回果园。赫伯恩少校最终解救了麦克唐奈，并负责指挥所有守卫在霍高蒙特的部队。萨尔顿带着只剩下三分之一的残部撤回到圣让山山脊上第1师的位置。

雷耶命令吉尔贝·巴舍吕将军的第5步兵师进攻霍高蒙特，并于14点30分从正东方向攻击果园，但这次进攻被英军炮兵挫败。英军向行进在开阔草地上没有任何掩护的法军炮击。与此同时，法军炮兵的榴弹炮成功把屋顶点燃了。

首次进攻盟军中军的法军被击退后，威灵顿向霍高蒙特调集了大批援军。公爵把第2近卫步兵旅的2个营（第3近卫步兵团和冷溪近卫步兵团）的剩余力量调进农庄。此外，他又增派了3个营：1个不伦瑞克营和2个英王的德意志军团营。这使得农庄的守卫人数增加到6000多人。他们遭到了1.4万名法国士兵的打击。

随着火势蔓延，威灵顿向麦克唐奈发出了紧急指示，命令他尽可能长时间地守在着火的屋子里，在屋顶和地板快要坍塌时，再转移到院子和

▲ 霍高蒙特围墙上的一个缺口为射击提供了一个完美位置

花园里去。公爵写道："在（屋顶和地板）都塌陷后，要占领花园内的残垣断壁，尤其是当敌人意图从屋内的灰烬中穿过时。"

法军向冷溪近卫军步兵发动了新一轮进攻，阻止他们将伤员从燃烧的谷仓中移出。法军骑兵在16点向盟军中军发动第一次进攻，同时福伊和巴舍吕的部队再次从东南方向进攻霍高蒙特，但被击退。18点30分，福伊的最后一次攻击也失败了。战斗结束后，英军在霍高蒙特伤亡1500人；法军伤亡5000人。

法军挺进

在霍高蒙特战役激烈地进行之际，
拿破仑命令戴尔隆兵团向威灵顿战线中心进攻。

从对拿破仑有利的角度看，威灵顿在圣让山前沿阵地的布防并不清晰。只有荷兰和比利时士兵穿着深蓝色的外套，脸涂成橙色，这在任何兵力集中的地方都可以被一下认出。

13点，法军大炮兵连开始大轰炸。88门12磅、8磅重的大炮开始对敌军阵地进行猛烈轰炸。在拿破仑左边，霍高蒙特的农庄烟雾缭绕，激烈的炮火声传到了他的耳朵里。

让-巴蒂斯特·德鲁埃元帅、戴尔隆伯爵率领的1.9万名经验丰富的步兵大军，向由托马斯·皮克顿爵士指挥的威灵顿中军发起进攻。在军乐和"皇帝万岁"的欢呼声中，戴尔隆的4个师出发了。

在炮火中前进

戴尔隆一马当先，率领法军步兵穿过高高的麦田前进。炮兵连的炮声沉寂下来，但鼓手们不断地敲击着冲锋曲的鼓点。此时，英军炮战打响，反击战开始。他们对敌人密集前行的纵队猛烈轰炸，撕裂了法军的队伍。法军中的一个旅向左转去攻打拉海圣庄园，因那里的英王德意志军团以致命的火力向法军侧翼猛烈开火。第95步兵团的一部分步兵也参加了战斗。他们依托着沙坑和小土丘的掩护向后方射击，直到被掩护侧翼法军前进的胸甲骑兵逼退。炮火逼得攻击者匆忙撤退，这使得他们加快了穿过泥潭的脚步。

威廉·奥兰治亲王命令汉诺威第1军团的吕纳堡营冲上前，从拉海圣庄园向法军步兵扫射。但这一攻击把他们给暴露了，遭到法国骑兵的反击。法国骑兵挥舞军刀和长矛砍杀，由于无法摆出防御方阵，英军士兵们被无情地砍倒在地。

威廉·弗雷德里克·范·拜兰特少将所率领的荷兰–比利时散兵在四臂村遭到了痛击，当一拨又一拨法军逼近时，他们开始溃散。他们开了几枪后，拔腿就跑，一些人向后跑向树林，另一些人则躲在两个英军旅的后面。这两个旅在炮击中一直按兵不动，以免遭受炮火的毁灭性打击。

詹姆斯·坎普特将军注意到散兵的溃逃，命令他的旅排成一排，向圣让山山顶沿线的树篱前进，向实力未知的敌军前进。第28军团的一名法军士兵在艰难地涉过泥潭向山脊前进时，弯下腰去整理他的靴子。一颗子弹穿过他的头盔，划破了头骨，其使头部严重受伤。如果他站得笔直的话，可能就被杀死了。

英军骑兵军官的遭遇
这次冲锋的后果

▲ 阿克斯布里奇伯爵在滑铁卢率领英军骑兵试图阻止这次史诗般的冲锋，但失去了右腿

英军骑兵在15点左右发起的冲锋破坏了拿破仑对威灵顿中军的进攻，但其骑兵伤亡惨重。在肆无忌惮的持续攻击中，许多骑兵被步兵击落，或被法军胸甲骑兵杀死。他们的军官也大量阵亡。

死者中包括近卫骑兵团指挥官塞缪尔·费里尔中校。他率领的骑兵部队向法军发起了多达11次冲锋，其中几次是在费里尔被军刀砍伤并被长矛刺穿之后进行的。国王的龙骑卫队威廉·福勒中校也被杀。皇家骑兵近卫军罗伯特·希尔中校的肩膀和手臂中弹，多亏骑兵汤姆·埃文斯的英勇营救才使他免于阵亡或被俘。

联邦旅司令威廉·庞森比爵士被一心想要抓获他的法军枪骑兵包围着。他听不懂他们说什么，因此当他们命令他后退时，他犹豫了一下。这时，一群联邦旅骑兵看见了庞森比，想去救他。法军枪骑兵不得不用长矛杀死了他。

当天晚些时候，英军骑兵指挥官阿克斯布里奇伯爵的右腿被炮弹击中。据说，当时他离威灵顿很近，大叫道："天哪，先生，我的腿完了！"威灵顿回答："天啊，先生，确实如此！"曾有一段时间，断肢曾作为展品在滑铁卢展出，但后来被埋掉了。

▲ 拿破仑及其参谋在滑铁卢考察战场

反击升级

　　法军步兵抵近树篱时，吃惊地发现3个英军营早就摆出了防御姿势。而进攻者因爬坡而导致队形散乱，士兵上气不接下气，没能排成排，只能凌乱地射击。反之，坎普特的队伍整齐守纪，在40步开外的地方进行了密集而准确的扫射，前排的法军士兵被射倒在地。

　　一部分法军试图还击，另一部分后退，和后面的纵队混在一起。趁着法军混乱，皮克顿下令上刺刀冲锋，高喊"冲锋！冲锋！快！"。皮克顿的行李还没有送到滑铁卢。传说，他参加战斗时要么戴高帽、穿燕尾服，要么穿睡衣。就在他狂喊鼓劲时，法军射出的一颗子弹击中了他的头部，使他当场丧命。

　　紧接着是肉搏战。第32步兵团的中尉R.T.贝尔彻扛着团旗投入战斗。他遇到了一名一心想要夺取旗帜的法军军官。贝尔彻回忆："他突然冲到我面前，抓住了旗杆，但我仍然牢牢地抓着丝绸质地的旗面。"

　　"还没等他拔出军刀，一个名叫斯威策的上士就把长矛刺进了他的胸膛；另一名叫莱西的普通士兵向他开了枪，他倒在我脚边死了。"

　　威灵顿在靠近十字路口的一棵榆树下建了一个指挥部。他观察到了戴尔隆的进攻，他们迅速地越过了树篱，穿过了圣让山山顶的土路。

　　丹尼斯·帕克爵士所率领的第9旅在坎普特的左侧。当法军到达两支英军部队——第28步兵团和第1步兵团交界处的山脊时，遭到他们猛烈射击，不得不暂时后撤。不久，法军进攻的势头又恢复了。英军在敌军人数增加的压力下开始退却。远处，第1步兵团和第42步兵团顽强防守，向法军进行了几次毁灭性的扫射。他们试图用刺刀攻击,以争取时间,但也被击退了。

敌对双方僵持不下,未遂拿破仑之意。虽说威灵顿顽强抵抗,但已经顶不住,让出了阵地,不过他拒绝承认溃败。帕克骑马来到第92步兵团的400名士兵(戈登高地人)前,喊道:"92步兵团的战士们,你们必须冲锋!你面前的所有部队都毫无抵抗之力!"在嘹亮的风笛声中,第92步兵团以两列纵队蜂拥向前,与法军交战。法军的防线危在旦夕,但仍然毫无怯意地向前冲。很明显,英军已是强弩之末。法军相信胜利就在眼前。

骑兵部队投入战斗

英军中军即将崩溃时,威灵顿的骑兵指挥官阿克斯布里奇伯爵意识到防守的步兵很难守住防线,于是他将重装骑兵部署在可驰援距离内的路边洼地上。

他的右边是爱德华·萨默塞特少将指挥着近卫骑兵旅的大约1000名骑兵,包括国王龙骑兵、皇家骑兵近卫军团、第1和第2皇家近卫军重骑兵团。他的左边是少将威廉·庞森比爵士的联合旅,包括第6恩尼斯基林龙骑兵团、第1皇家龙骑兵团和苏格兰灰色龙骑兵团,共1700人。

▼ 托马斯·皮克顿将军在下令上刺刀冲锋后,被一颗致命的法军子弹击中,在马鞍上摇摇欲坠

军号响起,战马小跑向前,很快就达到了中等速度,然后轰隆隆地向法军步兵冲去。法军士兵大都没有意识到如海啸般冲来的战马的威胁。"我把我前面的一名士兵推开,"法军第45团的一名军官回忆,"我看见他被军刀砍倒在我脚边。我抬起头来,发现是英军骑兵冲进了我们的队伍,把我们撕成了碎片。"

在布鲁塞尔路以西,阿克斯布里奇一马当先,率领近卫骑兵旅和第1皇家近卫军重骑兵团冲进法军胸甲骑兵部队。几分钟前,法国胸甲骑兵部队摧毁了吕纳堡营。英军挥刀砍杀他们,沉重的刀柄砸在他们的脸上。皇家近卫骑兵团的士兵紧随其后。

第1和第2近卫军龙骑兵团追赶着正在附近与第95步兵团交战的法军胸甲骑兵,想将他们赶出拉海圣。在那里,他们遇到来不及组成防御方阵的法军步兵,将他们杀了个措手不及。

与此同时,坎普特和帕克给联军旅让出了一条路,让他们向受惊的法军步兵冲锋。第1皇家龙骑兵团冲进了一支正在撤退的法军里。在混乱中,亚历山大·克拉克上尉发现一名法军军官手中握着第105团的帝国鹰旗。克拉克策马向前,将马刀深深地刺进了这个法国人的背部。当克拉克喊"拿军旗!"时,弗朗西斯·斯泰尔斯下士抓起旗杆,骑着马带走了战利品。

遭受打击的法军士兵趴在地上躲避英军挥刀砍杀。恩尼斯基林团骑兵又发现了一支处于崩溃边缘的法军。他们费力地穿过泥潭,围住了在山顶土路上混乱的敌军。

苏格兰灰骑兵把他们面前的敌人击溃了。第92高地联队的同胞紧随其后,也加入他们的战斗,高呼"永远的苏格兰"。法军中尉雅克·马丁还记得当时的恐怖情景:"我们的士兵站起来,挥刀砍向骑在高大健壮马背上的骑兵,但徒劳无用。他们的手臂被砍掉,无力还击凶残的敌人,……我在那里看到了死亡……"

疯狂的英军骑兵大叫"格杀勿论",然后,肆无忌惮地屠杀。苏格兰灰骑兵团的查尔斯·尤尔特中士看到了一名年轻的军官——弗朗西斯·查尔

◀ 尽管威廉·庞森比少将的联邦旅战友试图救他,但他还是在滑铁卢阵亡了

▲ 1815年6月18日下午，滑铁卢战役期间，圣让山沿线激战惨烈

斯·金乾特被一名法军军官开枪打死了，而几分钟前金乾特放过了他。尤尔特骑上马，一击就把那个法军军官干掉了。接着，他继续冲锋，杀死了3名敌军士兵，又夺取了第45团的军旗。

损失惨重的追击

英军杀红了眼。当步兵主力将2000名法军俘虏押往后方时，英军骑兵仍在奋力追击溃败的敌军，无人理会保持队形的号声。几分钟之内，疯狂的骑兵就冲过了头。由于战线过长，他们的侧翼遭到了法军步兵的集中攻击，且敌军骑兵设法转到他们身后，切断了他们回撤的路。

一伙苏格兰灰骑兵冲进法军大炮阵地，砍倒炮手，沿着对面的山脊攻入敌人的阵地。然而，他们的马都已经精疲力尽。苏格兰灰骑兵和恩尼斯基林团被法军枪骑兵围剿，蒙受了重大损失。尽管破坏了法军对威灵顿中军的进攻，但英国骑兵最终还是为其疯狂行动付出了沉重的代价：死伤共1000多人。同时，戴尔隆的部队战死、受伤及被俘共5000人。

遭受打击的法军士兵趴在地上躲避英军劫掠般的挥刀砍杀，马匹和人们在惊厥中奋力挣扎。

战场：霍高蒙特

随着大炮狂轰和步兵交锋，盟军的重骑兵冲了过来，把威灵顿从困境中解救了出来。

自从奥斯特里茨战役打响以来已有很长一段时间了，但拿破仑胸中的怒火还在熊熊燃烧。他骑着马在高喊"皇帝万岁"的队伍里走来走去。隐藏在山脊后面的威灵顿的队伍等待着不可避免的炮击，而那些驻扎在山坡前农庄里的士兵知道，他们将首当其冲地承受法军的攻击。

当炮军主力轰炸敌军中军时，拿破仑打算声东击西牵制敌人。他指示他的弟弟杰罗姆带领一个步兵师去攻打霍高蒙特。他们爬上院落，砸穿大门，但在农庄院落的狭小空间里被砍倒。这场争夺霍高蒙特的战斗持续了几个小时，然而声东击西的牵制战却成了关键一战。

再回到对敌军中军的攻击。拿破仑认为炮兵的轰炸已经进行得够久，于是派由戴尔隆率领的步兵进攻。这位法国将军在半岛战争中曾与威灵顿打过一仗，这次他决心战胜威灵顿。他的进攻开始时很顺利，占领了拉海圣，并迫使敌军撤退。

随着法军进一步向前推进，他们开始与盟军的核心部队交战。

威灵顿的防线很稀疏。拿破仑希望这次攻击能分裂盟军，扫清通往布鲁塞尔的道路。法军占了上风，但他们没有料到阿克斯布里奇伯爵的重装骑兵会发起大规模反击。2000名骑兵与步兵厮杀，把他们赶了回去。突如其来的有效打击使战局扯平。但是，当拿破仑准备好大炮和骑兵时，战局的钟摆又摆动了起来。

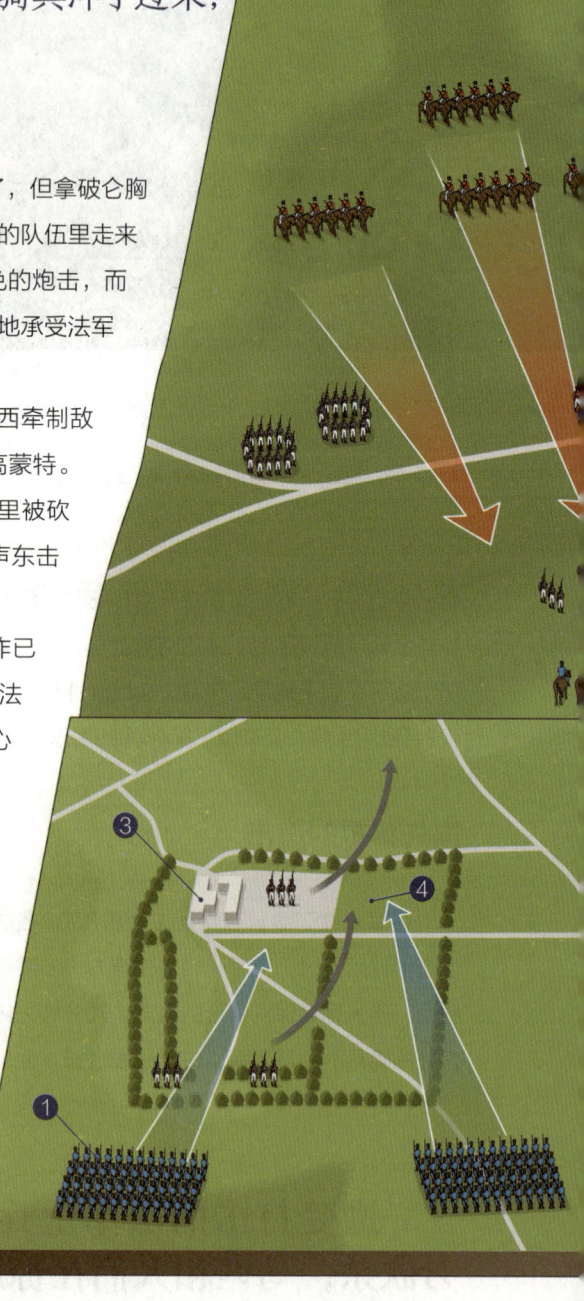

① 霍高蒙特农庄

拿破仑的首要目标是夺取霍高蒙特。当时只有几个盟军连防守这个农庄。就在院子里的士兵接近崩溃边缘时,大规模的步兵进攻被击退。

② 主攻

大炮在战场中央一字排开,向对方阵营发射无数炮弹。无情的轰炸持续了2个小时。盟军的战线被雨点般的炮弹不断攻击。

③ 牵制战变成了一场大规模战斗

法军决心夺取霍高蒙特。他们认为,这样会将威灵顿的后备部队吸引到这里,使他的中军暴露在危险之中。拿破仑的兄弟杰罗姆指挥对农庄的攻击。但他急于证明自己的价值。

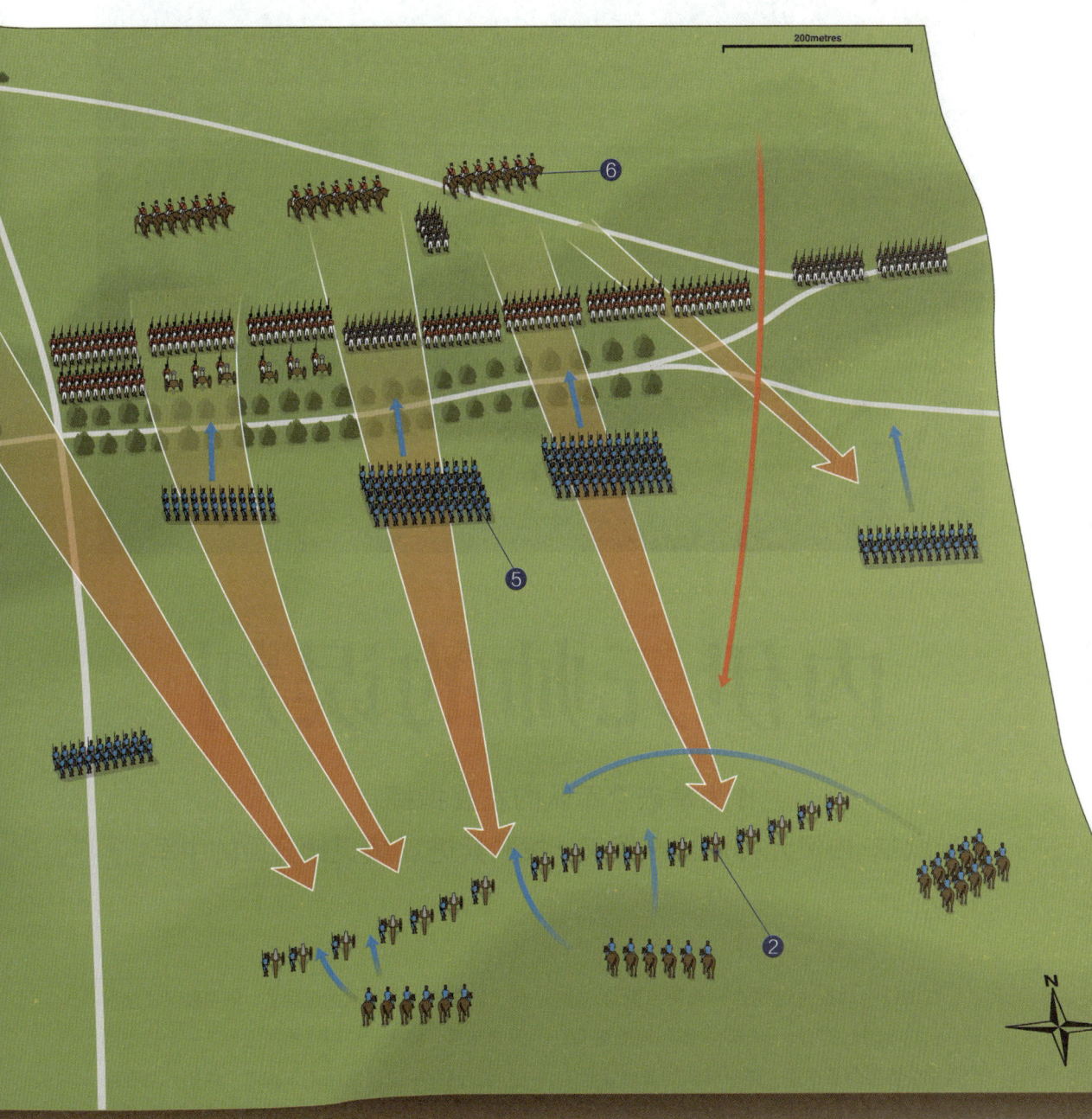

④ 盟军坚定不移地防御

英军顽强地守卫着围绕院落的2米高的围墙。他们用火枪和步枪从围墙上任何缝隙开火。尽管一拨又一拨的法军蜂拥而至,但霍高蒙特仍然在盟军手中。

⑤ 戴尔隆的进攻

炮击之后,拿破仑派出了他的步兵。在戴尔隆的带领下,2万名法军士兵拥入拉海圣。包括第95步枪团和英王德意志军团在内的守军被迫撤退。

⑥ 盟军骑兵迅速反应

增援部队减少了,战线也很稀疏,通往布鲁塞尔的道路正在打开。但是当盟军步兵跌跌撞撞逃跑时,一支骑兵队伍及时出现,拯救了他们。

内伊元帅的误判

作为拿破仑军队的左翼指挥官，
米歇尔·内伊元帅派出一拨又一拨骑兵进攻威灵顿公爵的中军。

在滑铁卢战役决定性的一天快结束时，拿破仑开始考虑他的下一步行动。戴尔隆的第1军团因损失惨重而被击退。越来越多的消息逐渐传来，普鲁士军正在逼近战场，而不是返回家园。威灵顿稳如磐石的中军比预期可怕得多。

拿破仑知道，攻打英军中军的几个关键位置仍然牢牢掌握在英国人手中。拉海圣仍坚不可摧；霍高蒙特的敌军严阵以待，但他的兄弟杰罗姆·波拿巴为此投入大量兵力，很可能会击溃那里的英军。那么，拉海圣将成为他下一个攻击的重点。他命令左翼指挥官米歇尔·内伊元帅在那里发起新的攻击。

内伊精心地做好了对拉海圣的作战部署。他们在炮兵连发射一阵炮火之前，集中了两个旅的步兵。在集结部队时，内伊观察到在圣让山的威灵顿中军的英军和荷兰-比利时联军有重大行动。士兵们排起了长长的队伍向后方移动。敌人是在撤退吗？内伊相信是这样的。

误判军事行动

在硝烟弥漫的战场上，内伊亲眼目睹了数百名受伤英军士兵撤离。法军大炮重新开始猛烈轰击，迫使威灵顿命令他的部队再次越过山脊，撤退到山坡另一侧的安全位置。这加重了内伊的误判。

对于内伊来说，看到红衫军撤退足以说明问题。他认为敌人战线正在瓦解，所以把重点转移到对敌军进行全面的骑兵攻击战上。尽管现有的步兵都被派往拉海圣，他的乘骑炮兵部队也被派去参加炮兵连的战斗，但他仍然坚信，骑兵足以战胜这支似乎正在撤退的军队。

内伊召集了由爱德华·让-巴蒂斯特·米约中将指挥的第4重骑兵队和由查尔斯·列斐伏尔·戴斯诺特中将指挥的帝国近卫军轻骑兵师，还有5000多名经验丰富的胸甲骑兵、枪骑兵和龙骑兵，其中包括大军团中一些最知名的兵团，如猎骑兵——拿破仑的护卫骑兵卫队、波兰枪骑兵和近卫军枪骑兵第2中队——"红色枪骑兵"，一支擅于突破的精锐突击部队。

15点30分，内伊派步兵增援拉海圣，然后把各路骑兵指挥官召集在一起。米约师中的一位指挥官质疑仅靠骑兵进攻英军阵地的策略，但内伊对他的反对不屑一顾，咆哮着说："为了法国，前进！"

▲ 米歇尔·内伊元帅率领骑兵在滑铁卢冲锋。他对英军的误判将法军置于绝境

> 命令下达之后，英军和荷兰的骑兵向敌人猛冲过去，使他们仓惶逃下山来。

走向灾难的骑兵

炮兵连继续开炮。法军骑兵一开始慢行，在离前方不到1000码①的地方蓄势待发。英军用大炮把骑兵队伍炸开了一个缺口。即使他们自己的炮火已经停止，但他们还是奔向圣让山脚下，开始艰难地爬向山脊。

远处，威灵顿看到法军骑兵集结，准备进攻。他命令："准备战斗！"他的部队很快排成4排纵列的步兵方阵，刺刀林立。第一排的士兵蹲着，他们的枪杆牢牢地插在湿透的地面上，枪尖呈威胁之势。

虽然他们最容易受到攻击，但在骑兵冲锋时，方形阵地要比排成一条直线的部署安全得多。他们被部署在相距几百码的范围内，以便相互支持。英军炮兵将双发炮弹装入56门大炮，向一拨又一拨的法军骑兵开火。然后在敌人倒在他们的炮火中时，回到方阵的掩护之下。

法军骑兵踏过霍高蒙特和拉海圣之间的麦田时，由于地面泥泞和持续爬坡，速度放缓了。等他们冲上圣让山山顶，迎接他们的是令人望而生畏的景象：他们看到的不是在他们面前四处溃逃的敌人，而是1.8万名英军和由荷兰-比利时步兵组成的纵横交错的棋盘式的20个方阵。

等骑兵们有足够的胆量向方阵冲锋时，他们用军刀砍向步兵。然而，那些骑得太近的骑兵很快就被撂倒了，因为子弹从方阵后排步兵那里射出，他们在蹲在前排的手持刺刀的士兵头顶上射击。威灵顿在不伦瑞克军团的德意志士兵方阵中找了个地方躲起来。他看着战马停滞不前，不敢冲进刺刀形成的钢墙。当法军骑兵在英军炮兵阵地周围打转时，他们失去了摧毁大炮的机会。显然，他们没有携带长钉，无法让敌人的武器变得毫无用武之地。

默瑟自作主张

指挥皇家乘骑炮兵G中队的亚历山大·卡瓦利耶·默瑟上尉拒绝从有5门9磅大炮和1门5.5英寸的榴弹炮阵地中撤出，不服从威灵顿的命令，拒绝躲在方阵的掩护下。默瑟把他的大炮部署在河堤后面。这个河堤沿着一条低洼路，是法军必经之路。法军骑兵一走近，炮火刚好能打到法军骑兵。

默瑟的炮兵连损失惨重，但给敌人造成了严重的伤亡，是整个战役中最关键的防御行动。

战斗结束时，G中队5名士兵阵亡，15名士兵受伤，损失69匹马，消耗了700发炮弹，但重

---

① 1码约为0.9144米。

▲ 1815年12月7日,内伊元帅获准可以由自己下令,让行刑士兵向他开枪

创了法军。后来,默瑟获得晋升,并将自己的经历写进了1870年出版的《滑铁卢战役》期刊。

"他们排着密集的纵队冲过来。"他回忆起法军不顾一切的冲锋时的情景,"一个接着一个……我就这样让他们不受干扰地向前推进,直到先头部队离我们大约50或60码的地方,我才下令开火,结果是可怕的。几乎所有领头的人都倒下了;一颗颗子弹穿透了队伍,让整个战线都混乱不堪。"

重整旗鼓击败法军

当法军先头部队冲锋时,后续部队仍吃力地往山上爬。爬过山顶,他们就被推到了前面。为了应对敌人的进攻,威灵顿命令剩余的骑兵,即重组的近卫骑兵旅和联邦军旅,以及他的轻骑兵团和荷兰重骑兵旅进入阵地。这个位置易守难攻,但有利于反冲锋。当命令下达时,英军和荷兰的骑兵向敌人猛冲过去,使他们仓惶地逃窜下山。英军炮兵从方阵中冲出,向撤退的法军开火。

在滑铁卢战役中,内伊表现出他一贯的勇气和指挥才能。他的4匹坐骑被射杀,但他没有被挫折吓倒,下令发起第二次进攻。尽管法军有炮兵连的炮火支援,但英军炮兵以更猛烈的火力回击,步兵方阵喷射出枪火,疲惫不堪的英军骑兵再次出击,击退了敌人的进攻。

关注着形势发展的拿破仑对他的参谋长让-德迪乌·苏尔特元帅低声说:"这次行动为时过早,结果将是灾难性的。一个小时太快了,但既

"我永远是法国人。"

为拿破仑效力的内伊在滑铁卢战役中失利。

"士兵们，当我下令开枪时，请直接向我的心脏射击。等待命令。这将是我最后一次给你们下令。我抗议对我的谴责。我为法国打过几百场仗……士兵们，开火！"

这是1815年12月7日，法兰西帝国的18位元帅之一——米歇尔·内伊的最后一段话。6个月前，内伊在滑铁卢打了他的最后一仗。在拿破仑取得的许多次重大胜利中，他一直为拿破仑效力，被称为"勇士中的勇士"。然而，当他的统帅被流放到厄尔巴岛时，内伊对复辟的波旁王朝国王路易十八宣誓效忠。在百日王朝之初，他发誓要把拿破仑"关在铁笼里"带回巴黎。当他的话传到拿破仑耳中后，这位前皇帝给他写封信，牵动了他昔日副官的心弦，使他们的关系得以修复。信里有一段是这样的："我将像莫斯科战役后那样，一如既往地待你。"

内伊重新加入到拿破仑一边，在滑铁卢战役中指挥法军左翼部队。惨败6周后，他被捕了。在上议院对他的叛国罪审判期间，内伊的律师辩称，他不能在法国法庭受审，因为他的家乡萨勒鲁瓦根据条约已成为普鲁士的一部分。元帅站起来，吼道："我是法国人，我永远是法国人！"这决定了他的命运。3天后，内伊被处决。

然开始了,就有必要跟进。"

内伊走近时,他的胸膛上下起伏,请求增派援军再一次攻击英军中军。拿破仑明显很不高兴,但他别无选择。

他命令由弗朗索瓦·艾蒂安·德·凯勒曼元帅领导的第3骑兵军团、由克劳德·艾蒂安·居约将军领导的帝国近卫军重骑兵师,以及5300名骑兵和法军后备骑兵的剩余人员重新投入战斗。此时有1万多名骑兵被派上战场。

凯勒曼指挥2个龙骑兵团、4个胸甲骑兵团和2个卡宾枪骑兵团——都是马背上的步枪兵,都是最有威力的骑兵。居约认为胸甲骑兵团是他领导的整个军队中最好的骑兵团,包括皇后龙骑兵、精锐宪兵骑兵队和欧洲最优秀的重骑兵——传说中的老近卫军的精锐掷弹骑兵,被其他法军骑兵尊为"神"。黄铜胸甲铿铿发亮,红色头盔闪闪发光。他们骑马前行的英姿威风凛凛。

在接下来的一个小时里,法军骑兵攻打圣让山的英军步兵方阵和炮兵阵地。但这是徒劳的。尽管伤亡不断增加,他们的士气有时会动摇,但仍继续向敌人射出致命的子弹。英军和荷兰-比利时联军的步兵至少发起了7次冲锋,英军纪律严明,受此鼓舞而更加坚定。每当法军撤回时,只要英方炮兵们有能力,就会回到炮位上开火。阿克斯布里奇伯爵的骑兵虽然已疲惫不堪,但每次都会紧追不舍,把敌人往山下赶,并骚扰他们撤退。

令人痛苦的夜晚

太阳快要落山时,内伊才意识到单靠他的骑兵是无法击溃英军步兵方阵的。有一刻,有人看到他在英军暂时放弃的炮兵阵地中,沮丧地用剑砍向一门废弃的大炮。

内伊需要步兵支援,于是向查尔斯·雷耶将军所率领的有8000名士兵的第2军团求助。第2军团原先是准备用来攻打拉海圣的。17点半,这些步兵开始向圣让山进攻。

然而,骑兵已经撤退,法军失去了联合进攻的机会。威灵顿迅速重新部署,将步兵排成一线。步兵们猛烈交锋。英军的炮兵部队再次付出了代价。

在小型武器的密集火力围堵下,法军步兵在短短10分钟内就伤亡了1500人。进攻不到半小时就结束了。内伊想要击垮坚如磐石的英军中军的希望也随之破灭了。威灵顿的一个士兵后来说:"骑兵从来没有表现得这样高尚,也从来没如此地受到步兵的爱戴。"

法军骑兵的伤亡情况骇人听闻:仅掷弹骑兵就损失了近350人;皇后龙骑兵损失了416人,大约是总人数的一半。居约指挥的队伍,总伤亡率高达47%。

这对拿破仑来说时间已经不多了。另一个问题也迫使他采取行动:普鲁士人来了。

普鲁士军参战

普鲁士人赶往滑铁卢,这使英军获胜的筹码又增加了,同时迫使拿破仑在一个绝望的下午冒险去夺取政权。

四臂村战役后,威灵顿公爵把部队往南撤到更易防御的阵地。这时,他的口袋里揣着布吕歇尔的承诺。就在同一天,普鲁士军在利尼遭到狠狠打击。指挥官陆军元帅格布哈德·列博莱希特·冯·布吕歇尔为了保护他的补给线和交通线,本可以下令向东撤回到普鲁士。

然而威灵顿决定在圣让山山脊上顽强战斗。他之所以这样决定,是因为布吕歇尔承诺会支援他。虽然布吕歇尔的参谋长、陆军元帅奥古斯特·奈德哈特·冯·格奈泽瑙对此心存疑虑,但

▲ 普鲁士陆军元帅奥古斯特·奈德哈特·冯·格奈泽瑙在利尼指挥作战。他在失败后展示了高超的组织能力

布吕歇尔还是投入到这场决定性的战斗中。任务一下达，格奈泽瑙就表现出了高超的战术技巧，把分散在瓦夫尔的普鲁士军集中起来。6月16日天黑后，普鲁士第1军和第2军向比利时城进军，掩护撤退的第3军加入了第4军，第4军没有参与利尼之战。这些编队一起向瓦夫尔进发。

拿破仑没有立即追击溃败的普鲁士军，直到第二天早晨晚些时候才命令埃曼努尔·格鲁希元帅去剿灭布吕歇尔。雪上加霜的是，法军对普鲁士军的意图并不确定。

拿破仑告诉格鲁希，他的责任就是确定敌人的去向，并在大军向威灵顿进攻时，拦截任何增援。

老将军的热情

布吕歇尔对英国，更准确地说是对盟军在滑铁卢战役中取得胜利的贡献，常常被战役中的其他事件所掩盖。然而，毫无疑问，1815年6月18日普鲁士军的到来决定了拿破仑的命运。在利尼战斗中，72岁的布吕歇尔的马被射杀，身上有擦伤和瘀伤，但他仍然精力充沛，并意识到这仗不容易胜利。

瓦夫尔街的枪战使法军向威灵顿的进军推迟了一段时间。但在18日清晨，布吕歇尔命令弗里德里希·威廉·弗赖赫尔·冯·比洛元帅率领的第4军向滑铁卢进发。虽然第4军没有在利尼作战，是最完整的普鲁士编队，但它的士兵已经在路上走了差不多两天。由格奥尔格·路德维希·冯·皮尔希将军指挥的第2军紧随其后。后来，由汉斯·恩斯特·卡尔·冯·齐腾将军指挥的第1军也来了。由约翰·阿道夫·弗莱赫尔·冯·蒂尔曼将军率领的第3军奉命在瓦夫尔暂时守卫代尔河的渡口，并在滑铁卢战役打响之前抵挡住任何可能出现的法军。

▲ 这幅肖像画中的陆军元帅格布哈德·列博莱希特·冯·布吕歇尔至少已经72岁了。他的铁十字勋章是他应得的

尽管普鲁士军在利尼受到了残酷的打击，伤亡人数达1.2万，但仍有9.5万名士兵。队伍绵延数英里。向滑铁卢进军是艰难的，因为大雨把部分土路变成了泥坑。凌晨4点，比洛的3万人的军团的先头部队出发了，但后续部队6个小时后才走出瓦夫尔。士兵们艰苦跋涉，马匹在崎岖泥泞的地带奋力移动88门火炮。

炮手们在湿滑的泥地上挣扎着保持前进速度，布吕歇尔看到这一切，骑马来到士兵身边说："加油，战友们！"他催促着他们，"你们不会让我失信的！"

48小时内，各路指挥官重组军队，约5万名士兵部署到位，准备对滑铁卢发起决定性的一击。

皇帝睡着了，没有下达命令

6月16日晚，格鲁希元帅到达拿破仑在利尼的总部，征询胜利后的下一步行动。他被告知皇帝已经睡着了，不能打扰。所以那天晚上他没有接到追击普鲁士军的命令，而这给了布吕歇尔几个小时的先机。当格鲁希于17日早晨回到拿破仑的总部时，他不得不等到8点，最高统帅才接见了他。

两名将军在察看前一天利尼战役的现场时交换了意见。最后，11点30分，拿破仑命令格鲁希指挥整个法军的右翼部队追击普鲁士军队，并尽快投入战斗。

格鲁希的3.3万名士兵包括多米尼克·约瑟夫·旺达姆将军指挥的第3军、莫里斯·艾蒂安·热拉尔将军指挥的第4军，以及克劳德·皮埃尔·帕若尔将军的骑兵部队——这支骑兵部队由雷米·约瑟夫·埃克塞尔曼斯将军指挥的第2骑兵军和皮埃尔·苏尔特将军指挥的第4轻骑兵师组成。

格鲁希迅速向他的部队下达命令，要求他们尽快向瓦夫尔进军，但他们反应缓慢而迟钝。当行进道路泥泞不堪时，他们就开始做饭，清理武器，缓解前一天战斗带来的疲劳。17日晚，先派出的骑兵巡逻队终于找到了普鲁士军的后卫部队，并确认敌人在瓦夫尔集结，而不是行军返回。

代尔河决战

追击者们宿营过夜后，于18日早上6点继续前进。进展还是很慢，然而，埃克塞尔曼斯的骑兵发现蒂尔曼麾下的1.7万人的第3军的后卫部队就在附近。

10点30分，一场激烈的战斗打响了。旺达姆的军团紧紧跟在骑兵后面。在代尔河南岸，随着各师投入战斗，双方密集交火。这场战斗后来演变成一场渡河战，目的是把普鲁士军赶出瓦夫尔。

随着热拉尔的1.5万人和更多骑兵投入到攻打普鲁士军的战斗中，法军凭借人数优势将蒂尔曼逼退。然而，直到下午晚些时候，格鲁希才得以大举横渡代尔河，并部署军队占领瓦夫尔。18日，格鲁希没有积极追击普鲁士军的主力部队，而是被拖入到与蒂尔曼的拉锯战中。天快黑时，尽管第3军处境岌岌可危，可还继续阻挡着敌军的道路。比洛仍带领着普鲁士军先锋队向决定命运的滑铁卢进发。

在与蒂尔曼交战时，格鲁希和副官们听到了滑铁卢传来的隆隆的炮声。热拉尔建议"向有枪炮声的地方前进"，但格鲁希表示反对，选择继续执行最初的命令。滑铁卢战役后，拿破仑把失败归咎于格鲁希，而格鲁希用余生为自己的决定辩护。不管怎样，阻止比洛已经太晚了。

普鲁士人来了

6月18日13点左右，就在拿破仑首次对圣让山威灵顿中军进攻时，他收到了一份令人不安的报告。有人看到敌军出现在他的右翼，距他约1500米的巴黎森林里。据报告称，敌军也在离其右翼大约4英里的圣朗贝尔小教堂出现。起初，他们希望密林里的士兵是格鲁希的右翼部队。然而，抓了几名普鲁士俘虏后，这一希望落空了。

拿破仑并没有被吓倒，他相信敌军最多只不过是布吕歇尔的一个军团，在利尼战役之后刚休整好，到达滑铁卢而已。尽管如此，他还是给格鲁希下了新命令，要他火速进军滑铁卢，与比洛交战。但不知为何，这个姗姗来迟的命令直到20

比洛没有让他的部队立即投入战斗,而是等大部队到达战场后才开始进攻。

▲ 荷兰的未来国王、奥兰治亲王威廉因在滑铁卢战役中的所作所为而毁誉参半

▲ 陆军元帅布吕歇尔集结部队,准备在滑铁卢发起进攻。布吕歇尔的承诺加速了这场关键战役英方的胜利

点才传到格鲁希那里。

此外,要是格鲁希不在瓦夫尔与蒂尔曼恋战,情况就会逆转。但格鲁希与蒂尔曼进行了一场麻烦的后卫战,而此时普鲁士军已经在通往滑铁卢的最好走的一条道路上前进。但格鲁希的部队被迫在一条要穿过树木和茂密灌木丛的迂回道路上艰难跋涉。

当比洛和他的部下骑马穿过芬切蒙特森林来到滑铁卢战场边时,这场伟大战役的全景展现在他们面前。图恩与塔克西斯亲王奥古斯特回忆说:"尽管难以置信,但我们可以看到敌人的后方,甚至可以用望远镜看清伤员被抬回去。"

比洛没有让他的部队零敲碎打地投入战斗,而是等大部队到达战场后才进攻。他从10点开始通过信使与威灵顿保持联系,并了解到战况的紧迫性。

如果拿破仑在一发现普鲁士军就对比洛进行一次迅速而猛烈的打击,就不会对他的右翼产生威胁。然而,在决定性的下午过去后,法军只有骑兵参与了小规模战斗。

决胜出击

与此同时,威灵顿的军队在圣让山一带为生存而战。战斗结束后,公爵想起了等待盟军到来的痛苦滋味。"今晚,普鲁士人必须来……"他写道,"他们来到战场的用时太久了。他们和我的手表似乎都卡住了。

比洛在第4军,包括2个炮兵营、1个骠骑兵团和2个步兵旅,沿着4条狭窄的泥泞小道成群地进入巴黎森林时,侦察着拿破仑的右翼。

布吕歇尔听从了格奈泽瑙的建议,早就断定对法军正面进攻只会造成重大伤亡,成功的机会微乎其微。所以,他命令比洛向西南方向推进到普朗瑟努瓦村,该村位于拿破仑在佳姻庄的总部以东。一旦普鲁士人占领了这个村,布鲁塞尔公路就会在他们大炮的射程之内。而当比洛的大部队到达后,对南面的全面进攻至少会威胁到拿破仑的后方,可能会切断法军的撤退路线。普鲁士的计划是有风险的,但如果成功,收获将是巨大的。法军可能会像被虎钳夹住一样被消灭。在比洛等待的时候,威灵顿不得不顽强守住,抵挡法军对他中军的反复打击。

16点左右,当看到米歇尔·内伊元帅率领的骑兵攻击圣让山山顶的英军步兵方阵时,比洛意识到关键时刻已经到来,威灵顿的中军似乎处于崩溃的边缘。这时,他的整个兵团已穿过茂密的森林。比洛不能再等了。

盟军的胜利?

英方在滑铁卢战役的胜利在很大程度上被人们认为是威灵顿的胜利,而他的声明也支持了这一点。他说:"这是一件该死的好事情。上帝保佑,这是你一生中见过的最为接近的较量。我想,如果我不在场,这仗就打不赢了!"

诚然,滑铁卢的英军——尤其是威灵顿——展现了巨大的勇气和高超的战术技巧。然而,很可能是布吕歇尔指挥的普鲁士军将威灵顿从圣让山的困境中解救出来。比洛军队的进攻最终成功,迫使拿破仑调动军队,以应对普鲁士军对他右翼的威胁。

另一个值得思考的重点是,威灵顿指挥的近一半的士兵来自德意志。他的部队中约有60%以上是德意志人、荷兰人或比利时人的后裔。甚至在英国军队内部,英王自己的德意志军团也一直控制着拉海圣。这些士兵是国王乔治三世统治时期建立的一支部队。乔治三世也是汉诺威公爵和王子候选人,也是德意志汉诺威王朝的第三位英国国王。至少有1.7万名士兵来自荷兰,包括现在的比利时,在奥兰治亲王威廉的指挥下。所以结论是,是盟军在滑铁卢取得了胜利。

战场：拉海圣

在法军仍处于优势的情况下，盟军士兵面临着选择：要么抵挡住敌军的持续进攻；要么被杀。

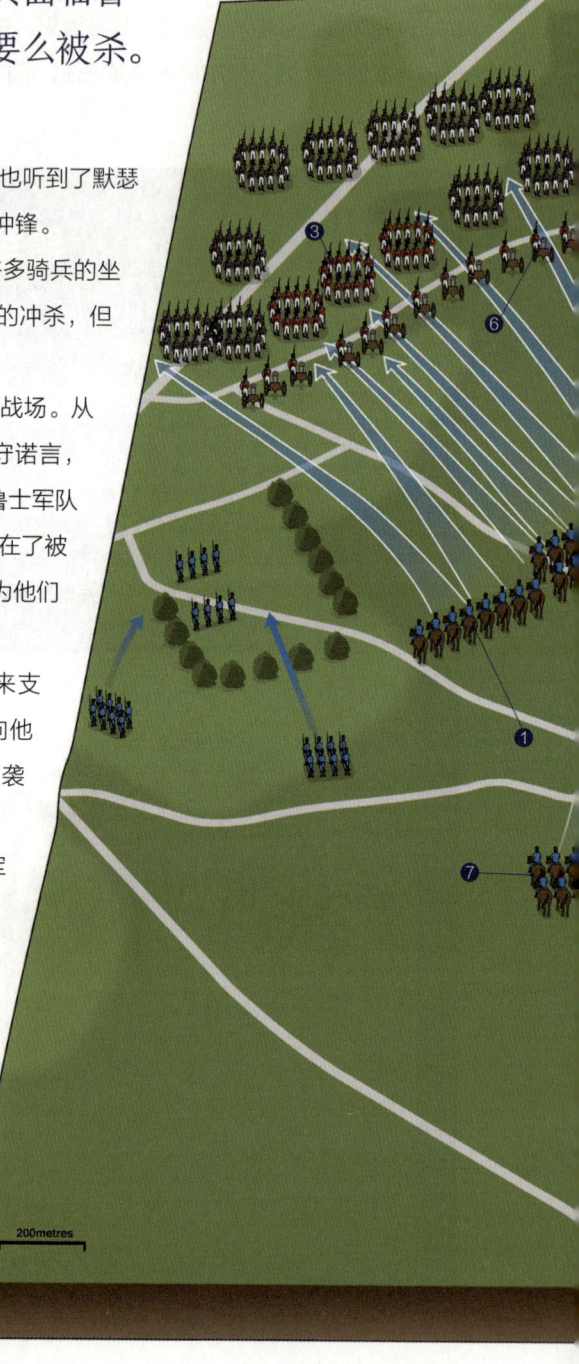

当内伊的骑兵在山顶杀入英军方阵时，拿破仑可能也听到了默瑟上尉的大炮的齐射声。他知道，英军在奋力抵抗内伊的冲锋。

致命的枪弹射向马匹，大大削弱了冲锋的威力。许多骑兵的坐骑倒下了。英军步兵已经上好刺刀，准备迎接不可避免的冲杀，但法军还是不断赶来。

几乎就在内伊发起冲锋的同时，普鲁士人也赶到了战场。从瓦夫尔出发，经过12个小时的艰苦行军，布吕歇尔信守诺言，和5万名士兵随时准备投入战斗。在普朗瑟努瓦村，普鲁士军队以3：1的兵力向拿破仑的右翼挺进。击退敌军的任务落在了被留下来的法军指挥官洛博的肩上。这些黑衫敌军急于要为他们在利尼的失利报仇。

回到战场中央，凯勒曼将军和3500名枪骑兵前来支援内伊。他们手持长矛，没等盟军士兵举起刺刀就刺向他们。这种破坏性打击持续了2个小时，炮火和骑兵轮番袭击威灵顿的士兵。一些连，比如坎伯兰所率的骠骑兵，意志动摇了，逃离了阵地。尽管如此，绝大多数的盟军士兵都坚定不移地坚守阵地。法军的进攻渐渐失去了威力。

由于人员伤亡太大，18点时，冲锋不得不停下。拿破仑的步兵和炮兵兵力不足，无法支援骑兵，所以进攻失败了，代价惨重。尽管英军的战友在山坡后面成功地抵挡住了骑兵的攻击，但拉海圣的守军已经到了崩溃的边缘，被迫撤退。威灵顿失守了英军中军最关键的一道防线，而法军大炮也移到了能毁灭英军的位置。

胜利仍悬一线。

1 法军骑兵进攻
内伊元帅掌握了主动权，率领米约的第4骑兵团的重骑兵冲入盟军的纵队。当战马接近前线时，盟军各营举起武器，一轮又一轮地朝他们开火。

2 拉海圣失守
英勇地防守后，英王的德意志军团弹药耗尽，被迫撤退，法军占领了前哨。他们继续把大炮向前推进。

3 方阵
为了抵抗法军骑兵的冲杀，盟军左翼各营严阵以待，排成方阵。随着雷鸣般的马蹄声越来越近，他们上好刺刀，打起精神迎战。随着战斗白热化，威灵顿和他的军官们不断地组织作战。

4 "准备迎战骑兵的冲锋！"
法军胸甲骑兵抵达盟军防线后，对炮轰收效甚微感到惊讶。盟军阵容紧密而强大，击退这8000名骑兵，开始了地狱般的厮杀。

5 普鲁士人的到来
16点左右，黑衫军的身影出现在战场的东面，复仇心切的普鲁士人猛烈攻击法军右翼。洛博被派去与他们交战。

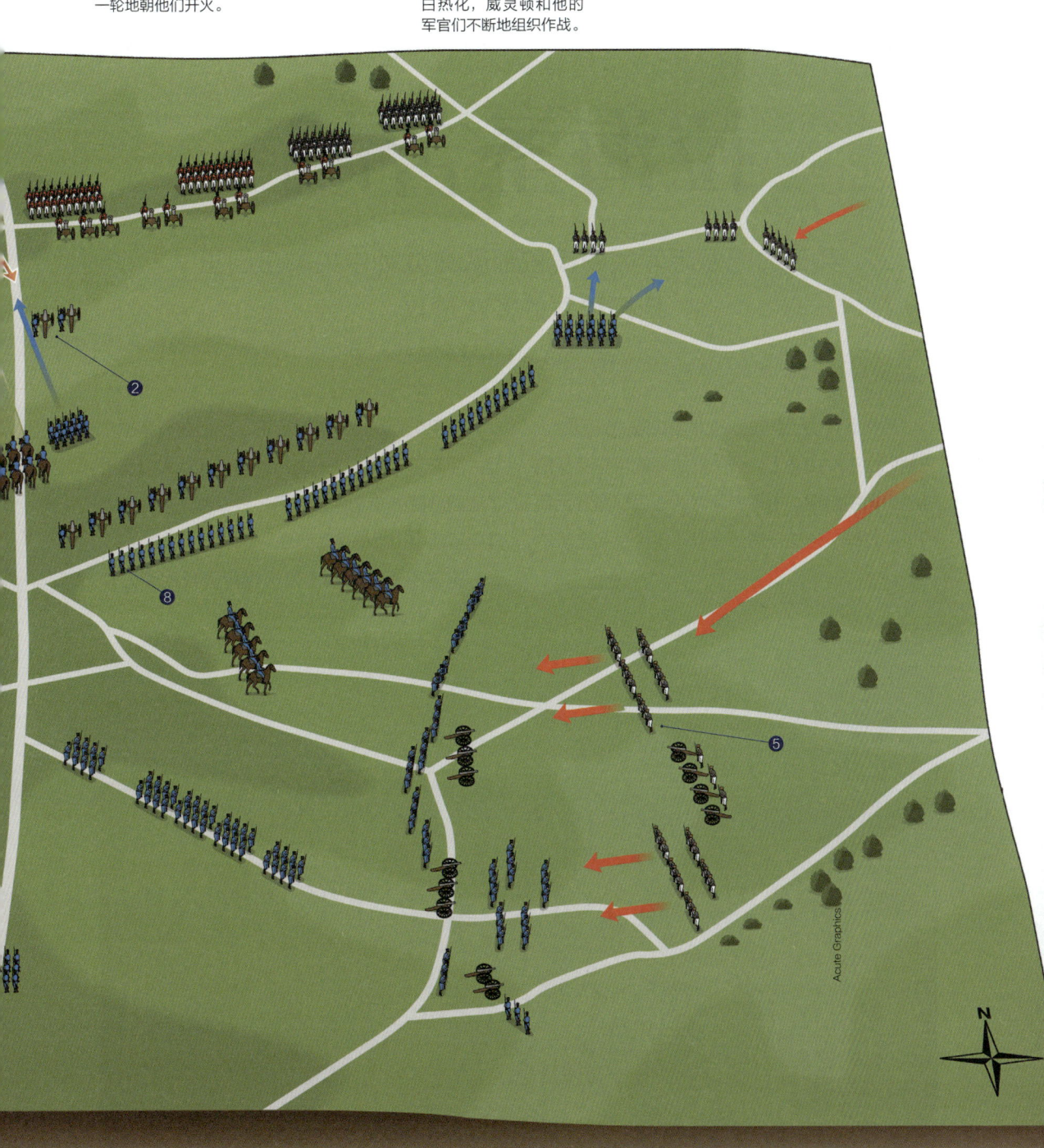

6 默瑟上尉的密集炮火进攻
在亚历山大·默瑟上尉的指挥下，霰弹射向骑兵。此时，法军炮火再次响起。弗朗索瓦·凯勒曼将军率领的3500名新骑兵加入其中。

7 失败的进攻
凯勒曼的骑兵手持长矛，包围了方阵，但因为盟军顽强抵抗，随后的每一次攻击都不再凶猛无比。18点，内伊被迫下令取消进攻。

8 转机
尽管遭到猛烈攻击，但威灵顿的右翼仍然坚挺，而此时又有了普鲁士军的支援。鉴于此，拿破仑被迫打出了他的最后一张牌。只剩下几个小时天就黑了，帝国近卫军被派至战场。

拉海圣苦战

英王的德意志军团的精锐部队在战场中央的庄园里
抵抗敌军的多次进攻。

吕纳堡营的士兵走到拉海圣庄园的果园时，在他们西边的山脊上，一大批法军胸甲骑兵从缭绕的硝烟中出现。指挥官呼喊着让吕纳堡营士兵们排成方阵，但这一命令在厮杀声中是完全听不见的。

胸甲骑兵从山上疾驰而下。他们在德意志步兵中冲开了一条路。一些吕纳堡士兵从大门溜进了庄园庭院的安全地带；另一些惊慌失措，向北奔向圣让山山顶的盟军防线。

这些不幸的士兵不是被胸甲骑兵用军刀砍

▲ 乔治·巴林少校在场中央指挥防御拉海圣

他们用刺刀在厚厚的墙上凿了几个大洞。

伤,就是被法军步兵射杀。这对急需增援的拉海圣守军来说,是巨大的浪费。

乔治·巴林少校率领的德意志军团第2轻步兵营的376名步兵在战斗前一晚冒着瓢泼大雨,抵达了拉海圣庄园。巴林的部队隶属于英王的德意志军团第2旅,由克里斯蒂安·冯·奥普迪达上校指挥。第2旅由2个轻步兵营和2个步兵营组成。在赶走了一支法国巡逻队之后,瑟瑟发抖的士兵们在房屋及其外围建筑中寻找遮风避雨的地方。

该庄园由一个马厩、谷仓和猪圈组成。猪圈前面是一个被矮墙围起来的庭院。它位于布鲁塞尔公路以西盟军前线的前方182米处。它的北面有一个花园;南面有一个大果园,正对着法军阵线。

威灵顿公爵阿瑟·韦尔斯利元帅第二天早晨便下令加强庄园的防御工事。由于缺乏工具,士兵在执行这项任务时阻碍重重。他们用刺刀在院子的厚墙上凿了几个大洞,但无法搭起从墙洞往外射击的平台。驻扎在周围田地里的盟军士兵已经把谷仓的门拆下来当柴火,使其成了周边地区最薄弱环节。

巴林在果园里部署了3个连:2个在院子里;1个在花园里。幸运的是,巴林和他的部下并不是唯一部署在圣让山山顶主要阵线前方的英军。路的对面是一个小山丘,底部有一个沙坑。威灵顿命令第95步兵团的一支400人的精锐部队守卫在这里。

13点,由76门野战炮组成的拿破仑炮兵连对盟军中军展开了轰炸。炮击几乎没有对拉海圣庄园内的士兵造成损害,他们被坚固的城墙保护着。然而,果园里的士兵却迎来铺天盖地的弹片。

皇帝把进攻敌人中军的任务交给了让-巴蒂斯特·戴尔隆将军,由他指挥法军第1军团。1小时后,法军步兵沿着一条狭窄的道路,向圣让山的盟军阵线挺进。庄园挡了他们的道,于是戴尔隆把夺取庄园的任务交给了数以百计的先行的散兵。

1.8万人的法军第1军团由4个步兵师组成,其左翼部队靠近佳姻庄。左边是约阿希姆·杰罗姆·奎因特少将率领的4100人的第1步兵师;

> 攻占拉海圣时,法军处于有利的防御位置和明显优势。

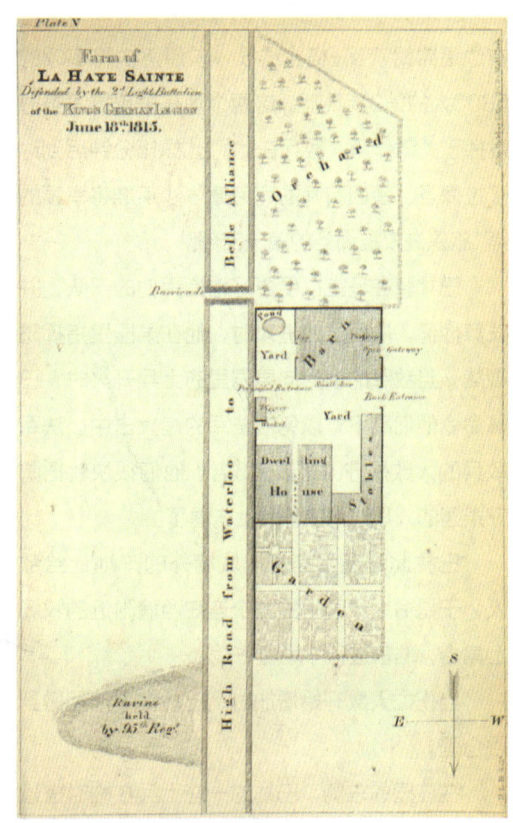

▲ 配有贝克步枪的英王的德意志军团保卫着拉海圣

▲ 英王的德意志军团在滑铁卢战役获胜后凯旋，回到汉诺威

右边是弗朗索瓦-格扎维埃·东泽洛少将率领的5300人的第2步兵师。这两个师在进攻拉海圣时发挥了关键作用。散兵在他们出发15分钟后到达了拉海圣。奎因特师的克劳德·沙莱准将率领的第1旅是进攻拉海圣的第一支部队。

巴林骑在马上以便更好地指挥他的部队，并鼓舞他们。法军开始进攻时，他在果园里指挥防御战。当敌军的散兵向果园里的士兵开火时，巴林命令他们趴下，以免被法军的炮火击中。法军散兵的人数是守卫果园的3倍。他们很快就把防守果园的人从他们的阵地上击退了。

巴林此时还不准备把城墙外的阵地让给敌人，于是命令果园里的两个连在西墙附近的牧场上集合，准备进行一场阻击战。

当伤亡人数开始增加时，巴林命令他们撤到谷仓里。

在庄园的东侧，巴林的一些士兵在临时搭建的路障后面作战，但法军很快包抄了他们。巴林的士兵别无选择，只能从大门退回到院子里。他们中的一些人爬到猪圈顶部，俯卧射击。

从墙洞和猪圈顶部射出的子弹击退了大批从东面攻击庄园的法军。一个身材魁梧的名叫维厄的法军工兵中尉用一把锋利的斧头砍向大门，但他在受了两次伤后就停了下来。

袭击盟军中军的全部责任落在米歇尔·内伊元帅身上。他命令他的副官——让·路易·德·克拉贝上校率领第4骑兵团的胸甲骑兵去支援戴尔隆的步兵团。于是，克拉贝率领他的重骑兵列队前进，去协助步兵攻打庄园。在霍高蒙特和拉海圣之间的一个低矮山脊处，骑兵团悄无声息地前进着。

威灵顿最初并没有向巴林派遣增援部队，这是因为他担心增援部队半路被拦截。然而，指挥汉诺威第1旅的弗雷德里希·冯·基尔曼斯埃格少将没有威灵顿那么精明。他命令奥古斯特·冯·克兰克中校率领吕纳堡轻步兵营的600

人去支援巴林。吕纳堡的士兵到达果园后，还没摆好阵势，克拉贝率领的胸甲骑兵就冲了上来。他们对吕内堡营进行了致命打击，伤亡达50%，并驱散了剩余的士兵。

法军步兵受到骑兵胜利的鼓舞，斗志昂扬，试图冲进院子。一些法军士兵硬生生地把胳膊从墙上的洞中伸进去，想夺走守卫庄园士兵手中的枪。另一些士兵则袭击了部署在花园里的一个德意志步兵连。

陆军中将亨利·佩吉特派出近卫骑兵旅和联邦骑兵旅杀进戴尔隆的步兵军团，使巴林和他疲惫不堪的步兵得到了30分钟喘息时间。英军铁骑军横扫战场时，盟军步兵趁势冲上前，围堵了3000多名被拦截的法军士兵。

巴林利用这段间歇时间向奥普迪达请求补充步枪弹药。由于法军被迫暂时撤退，威灵顿从第1轻兵营派出了2个连增援巴林的部队。这些士兵加入到已部署在花园里的连队中。

英军骑兵冲锋结束后，拿破仑从第1军团各旅拼凑了大约3000名步兵。他们的士气并没有因英军的骑兵冲锋而受到影响。他命令内伊对盟军中军发动新一轮进攻。尽管当时占领拉海圣的最好方法是派炮兵直接炸毁城墙，但拿破仑担心炮手会因此暴露而遭到骑兵突袭或狙击手的袭击。

15点后不久，法军步兵再次发起猛烈进攻。一个营的法军步兵袭击了庄园的西侧；另一个营则袭击了东侧。法军步兵再次试图把手伸进

▼ 法军的先头主力部队对英-盟军中军进攻，最终打垮了拉海圣的防御抵抗

墙洞，夺取敌人的枪。控制墙洞后，他们冲进院子。这种战术非常有效。从墙洞往里射击的法军火枪手能保持稳定的射击，因为他的战友会不断地把子弹已上膛的枪递给他。

法军不断地猛攻通往谷仓的敞开的大门，但他们的进攻遭到德意志士兵猛烈的还击。尸体成堆地堆在过道附近。法军火枪手在战友的尸体后面射击。由于没有额外的弹药补给，巴林再次向奥普迪达提出补给请求。

双方步兵在拉海圣进行了近1个小时的殊死搏斗，内伊误以为一些英军部队被调遣到圣让山的背面斜坡后是因为英军开始撤退了，因此派出骑兵全力进攻。

> 拿破仑没能派出足够的军队占领拉海圣。威灵顿意识到这个地方的战略重要性时已经太晚了。

5000名骑兵并没有走戴尔隆的部队走过的那条路，而是穿过霍高蒙特和拉海圣之间的田野，向北冲向英军前线。但骑兵的进攻失败了。

17点，拿破仑命令内伊派骑兵和步兵的混合部队对盟军中军发动进攻。在战场的另一边，威灵顿派拿骚第2军团第1营大约250名士兵支援巴林。当法军步兵第三次袭击庄园时，他们试图纵火焚烧谷仓。对于守卫庄园的英军来说，幸运的是，拿骚人随身携带了野营用的水壶。他们将水壶灌满，扑灭了火焰。

法军撤退后，巴林第三次请求补给弹药，但这一次也没有得到回应。当法军发动第四次进攻时，巴林的士兵的弹药只够支撑几分钟了。

18点，巴林命令他的士兵撤离庄园。他命令他们慢慢地从一个阵地撤退到另一个阵地，直到到达盟军的主阵线。他们先退回到花园，然后退到沙坑，最后退到山脊。巴林共损失了约40%的兵力。

威灵顿因失去拉海圣而心烦意乱。但这不能怪巴林，他们不得不离开庄园是因为缺少弹药。威灵顿的参谋应确保他们有足够的弹药。这是一个重大的失误。

法军虽占领了庄园，但为时已晚，拿破仑也没能利用这一契机。法军占领它的时候，拿破仑正设法阻止普鲁士军攻其右翼，阻止他们切断他的退路。

▲ 苏格兰骑兵制止了对拉海圣的进攻，迫使法国人仓惶撤退

▼贝克步枪比法国沙勒维尔步枪射程更远,精度更高

贝克步枪胜过法国步枪

乔治·巴林少校所在的英王德意志军团第2轻步兵营,是由德意志侨民组成的。能够挡住大批法军对拉海圣的攻击,在一定程度上可以归功于他们的武器和训练。

轻步兵营带着贝克步枪上了战场。虽然它有缺点,但也有优点。这种燧发枪的装弹时间比法国沙勒维尔滑膛枪要长,因为要把子弹塞进带槽的枪管要困难得多。此外,它不使用事先准备好的弹夹,而是要求士兵用老式的方法从烧瓶中倒出火药。这意味着德国人每分钟只有一次机会开枪,而他们的对手每分钟有两到三次机会。但在其他方面,它有显著的优势。其中之一是它的射程和精准性比法国火枪更优。

贝克步枪的精确射程为182米,而沙勒维尔步枪的有效射程为68米。另一个优点是它枪管较短,比法国步枪更适合射击。

当在果园、花园或毗邻田地的空地上保卫庄园时,轻步兵连队的平时训练起了作用。平时他们是成对训练:一个人射击时,另一个人要么给子弹上膛,要么提供掩护。这促进了两个人的紧密联系和默契,都会为对方的安危着想。

法军火枪手在战友的尸体后面射击。

惜败

威灵顿的中军愈发不堪一击，
拿破仑召集了他的精锐部队老近卫军，发起了决定性的进攻，
但普鲁士军却在普朗瑟努瓦向前推进。

拿破仑·波拿巴骑着他那匹威严的灰色阿拉伯骏马"马伦哥"勘察滑铁卢战场。1815年6月18日，这是那一年中白天最长的日子。那天下午，他做出的决定让局势变得明朗起来。防守拉海圣的英军还在苦苦地硬撑，也许再一次进攻就可以拿下庄园，因为守在那里的英王德意志军团的人数在不断减少。

18点，米歇尔·内伊元帅率领军队再次进攻拉海圣。这时，拿破仑希望威灵顿公爵在圣让山的中心防线能被攻破。尽管如此，法军右翼的战事发展还是值得关注的。在1个小时里，弗里德里希·威廉·弗赖赫尔·冯·比洛将军率领的普鲁士第4军穿过巴黎森林，向位于拿破仑在佳姻庄总部东南方的普朗瑟努瓦挺进。当大批普鲁士军即将抵达滑铁卢时，拿破仑命令乔治·穆顿元帅账下的洛博伯爵第6军团的1万名士兵朝东拦截，与法军阵线呈直角之势。洛博带着一个旅冲进普朗瑟努瓦。那里有一座巨大的石砌教堂，旁边是墓地。墓地周围有一堵半圆形的石墙，高大的树木点缀其间。

普鲁士军攻打普朗瑟努瓦

比洛与他的上级指挥官陆军元帅格布哈德·列博莱希特·冯·布吕歇尔进行了商议。比洛把自己的右翼驻扎在菲舍蒙，与威灵顿左翼的来自拿骚公国的德意志军也联系上了。16点30分，比洛派出2个步兵旅开始攻打普朗瑟努瓦。如果普鲁士军能够占领这个村，他们就可以向南进攻佳姻庄后身，切断拿破仑的退路。

洛博把他的部队向左延伸到与法军主阵线交界的斯莫汉和帕皮洛特村，占领了那里，然后赶到普朗瑟努瓦去支援已经在那里进行街头巷战的友军。洛博占据了村庄。法军士兵占领了墓地的围墙，同时神枪手爬上了树。他们占领房屋，把家具顶到门上，把自己堵在里面。不久，普鲁士军从左右两侧袭击了普朗瑟努瓦，西里西亚后备军第1军团的2个营和第15团的2个营从瓦夫尔向前推进，同时大炮也向敌军开火。

洛博所率的后备部队本应攻打威灵顿的中军，但普鲁士军的出现逼迫拿破仑不得不重新部

1100名老近卫军士兵头戴别具一格的熊皮帽，一枪未放就把普鲁士军击退了。

署。此时，由布吕歇尔亲自指挥普鲁士军进攻。但在普朗瑟努瓦近1小时的战斗中，普鲁士军几乎没有取得什么进展。17点30分，又有一个步兵营和更多的大炮到达，普鲁士军的进攻加强了。大炮发射霰弹，横扫墓地，把树木撕成碎片，把法军从公墓的围墙后赶了出来，甚至还向佳姻庄方向开了几炮，拿破仑在那里也感到大地在震动。普鲁士军大声叫喊，拿着刺刀冲了上去，把法军赶出了普朗瑟努瓦。

拿破仑意识到形势愈加严峻，便命令他的精锐部队帝国近卫军的8个营，即纪尧姆·菲利贝尔·迪埃姆将军麾下的4200名青年近卫军，增援洛博。这次猛烈的进攻把普鲁士军从墓地和周围地区赶了出来。布吕歇尔担心，普朗瑟努瓦是一个难啃的骨头。

由路德维希·冯·皮尔希将军率领的第2军团马上就要到了，但速度非常慢。威灵顿的中军随时可能崩溃。就在这时，指挥普鲁士第3军团的约翰·阿道夫·弗莱赫尔·冯·蒂尔曼将军请求增援。而这时第3军团在瓦夫尔遭到了埃曼努尔·德·格鲁希元帅的部队的攻击。

布吕歇尔和他的参谋长奥古斯特·奈德哈特·冯·格奈泽瑙元帅都意识到形势十分严峻。他们相信，普朗瑟努瓦一役可以彻底扭转滑铁卢的局势。格奈泽瑙立刻抓住这一战机，口述了一封信给蒂尔曼。一位助手在纸上草草写下了这封信："……敌人每向前一步，都要竭尽全力去抵抗，因为即使他的军队损失惨重，也比不上对拿破仑的胜利。"

再次占领普朗瑟努瓦

当第2军团的2个旅到达滑铁卢时,格奈泽瑙亲自指挥向普朗瑟努瓦又发起一次进攻,把帝国近卫军逼了回来。洛博向布鲁塞尔公路附近的山脊线撤退。普鲁士军占领了这个村庄。汉斯·恩斯特·卡尔·格拉夫·冯·齐腾将军的第1军团大批人马也终于到达,蓄势待发,准备支援比洛。普鲁士军占了上风。

然而,拿破仑迅速做出反应,他调遣了帝国近卫军的两个营,向普朗瑟努瓦的普鲁士军发起反击。

1100名老近卫军士兵头戴别具一格的熊皮帽,一枪未放就把普鲁士军击退了。尽管普鲁士军在人数上大大超过进攻的法军,但他们很快就放弃了。法军的侧翼再次暂时安全了。

与此同时,齐腾做出了一个至关重要的决定。他接到的命令是支援比洛,而他早就观察到法军攻打威灵顿薄弱中心阵地的战况,所以齐滕命令他的部队继续向比洛的第4军团增援。

在最后一刻,布吕歇尔与威灵顿的联络员卡尔·冯·米夫林将军策马前来请求齐腾将军调转第1军团,去增援威灵顿的左翼。齐腾迅速做出判断,调转了部队方向。对威灵顿左翼的增援,使威灵顿敢于在最危险时刻把部队调到最受威胁的中心阵地。

再次骑上战马

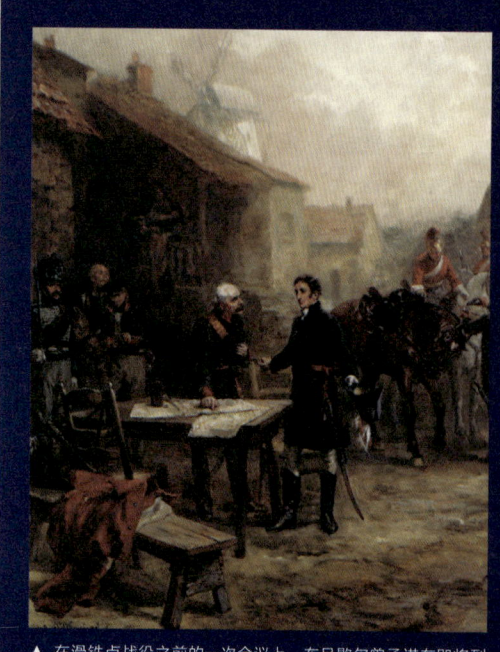

▲ 在滑铁卢战役之前的一次会议上,布吕歇尔曾承诺在即将到来的战役中支持威灵顿

当普鲁士军在利尼战败,散乱地撤退时,其指挥官,陆军元帅格布哈德·列博莱希特·冯·布吕歇尔正被困在他的战马下。这位72岁的老将放弃退役生活来指挥12万多名士兵,但在接下来的几个小时里,他趴在那里无法动弹。他的副官奥古斯特·路德维希·冯·诺斯蒂茨将军扔给他一件大衣,盖住了他的身体,所以法国骑兵在他周围骑来骑去,没有注意到他。

虽然布吕歇尔无法立即恢复对军队的指挥,但他命令他的参谋长、陆军元帅奥古斯特·奈德哈特·冯·格奈泽瑙把军队集中在瓦夫尔,以便在滑铁卢向威灵顿提供支援。格奈泽瑙本想撤退到离普鲁士更近的利尼,但他还是服从了命令。与此同时,布吕歇尔从困境中解脱出来,用大蒜和大黄的汁液彻底清洗伤口,然后包扎好。在喝了几杯杜松子酒缓解了疼痛后,这位老将军为打败拿破仑进行部署。

据说,在向滑铁卢进军的艰难途中,他说:"前进!我听你们说这是不可能的,但它必须完成!孩子们,加油,我们会胜利的!"尽管布吕歇尔年事已高,身体状况也不佳,还吃了败仗,但他坚持不懈,最终成为了滑铁卢战役中的英雄。在他后来访问伦敦时,英国政府向他表示了感谢,感谢他在战斗中所发挥的作用。布吕歇尔于1819年去世,享年76岁。

老近卫军冲锋

19点左右,拿破仑右翼的局势稳定下来了。他再次掉过头来,试图彻底地解决掉威灵顿。终于,内伊也占领了拉海圣。现在是时候动用法军的剩余兵力来利用这来之不易的战果了。

虽然帝国近卫军的两个营在普朗瑟努瓦与普鲁士军厮杀,但其余的精锐部队,即老近卫军和青年近卫军的12个营,是一支强大的力量。法军炮兵向离拉海圣274米远的英军中军猛攻,拿破仑命令内伊率领他的精锐部队向圣让山发起总攻。老近卫军的两个营仍留在佳姻庄,分别作为拿破仑护卫部队和后备部队。

19点刚过,青年近卫军和老近卫军排成两列纵队出发。拿破仑骑着马走在部队的前面。在离敌军阵线548米远的地方,他转身激励他的士兵前进。"皇帝万岁"的呼声从庞大的步兵方阵中响起。

英军大炮以毁灭性的攻击开始了他们的攻势。炮火在法军方阵里炸开了一个大洞,大到波及70名士兵。但随着一拨又一拨法军步步逼近,炮兵们发射了霰弹,把大炮变成了大型霰弹枪。在让-巴蒂斯特·德鲁埃元帅、戴尔隆伯爵指挥下的遭受重创的第1军团和奥诺雷·查尔斯·雷耶元帅的第2军团也加入了战斗。

老近卫军的第一梯队往山坡上冲锋。在距离山顶只有100步的地方,遇到了来自不伦瑞克和拿骚的部队。随着交火愈演愈烈,德意志兵开始撤退。老近卫军毫不留情地继续攻击。盟军高级指挥官威廉·奥兰治亲王身受重伤。法军横扫火炮阵地,将拿骚和不伦瑞克部队及科林·哈尔克特将军的第3师第5旅击退。

威灵顿在他的近卫步兵旅中走动。这支部队是由在伊比利亚半岛上抗击法军的老兵组成的。他们奉命埋伏在高大的草丛中,以躲避帝国近卫

▲ 一位老近卫军掷弹兵身着军服自豪地站着。这支精锐部队在滑铁卢战役之前从未战败

军进攻之前的炮弹轰炸。佩里格林·梅特兰将军所率的近卫旅第1步兵团第2营和第3营的2000名士兵就在附近。威灵顿吼道:"梅特兰!现在轮到你了!"

决定性的一战

在老近卫军离他们只有36.5米远时,就听一声令下:"战士们,起立!预备!开火!"这一阵齐射把法军的先头部队打得七零八落。当

▲ 在向威灵顿发起决定性进攻之前，拿破仑向集合起来的老近卫军发表演说

英军第30步兵团和第73步兵团再次向法军发起极具毁灭性的射击时，英军近卫步兵趁机上好刺刀，向摇摇欲坠的老近卫军发起了冲锋。肉搏战开始了，老近卫军的第4猎兵团赶过来支援退下来的战友。几个营一起向追击的英军开火，把他们打回圣让山山顶。

在他们的左翼，第3猎兵团受到了散兵的火力骚扰，不得已停下来把他们赶走。片刻之后，由约翰·科尔伯恩上校率领的第52步兵团冲入散兵阵地。科尔伯恩命令第52团向右侧沿着山坡冲下山。又下令让部队快速左转，让战线长达457米的英国步枪队从侧翼包抄老近卫队。法军不断遭到扫射，伤亡无数，但他们的还击也造成第52步兵团150名士兵伤亡。然后，随着一声喊叫，第52团冲了下来。

老近卫军跟跟跄跄地逃跑了，一败涂地。一声揪心的喊叫在法军其余部队中回荡。他们从未见过这支精英部队失败。"近卫军撤退了！""人人当为己！"威灵顿挥动着帽子，发出全面进攻的信号。三四个营的老近卫军集结在拉海圣附近。但不幸的是，他们在英军和汉诺威军队的新一轮进攻中惨遭杀戮。围绕这场战斗有一个传说。一些法军被劝降，但他们回应："老近卫军宁可死也决不投降！"

普朗瑟努瓦之外

在威灵顿击退老近卫军的同时，普鲁士军包抄了普朗瑟努瓦，占领了尚特雷特森林。普朗瑟努瓦守军，即派出的两个老近卫军营，不得已撤退。法军陷入溃败，小股抵抗力量也被消灭，青年近卫军伤亡达96%。

拿破仑大吃一惊，但他还是在佳姻庄布鲁塞尔大道两边把他的老近卫军预备营排成方阵，希望把他的逃亡大军集结起来。但这是没有用的。随着夜幕降临，他慢慢地意识到自己重新追求权力的希望已经非常渺茫，于是也加入了撤退的行列。

格奈泽瑙带领普鲁士军直奔佳姻庄进行追击，一直到23点。他后来回忆："拿破仑就是在那里参加战斗的；他就是在那里下达命令，自以为有希望取得胜利；他就是在那里被毁灭的……"

▲ 普鲁士士兵在普朗瑟努瓦战役中与拿破仑的老近卫军近距离决斗

法军不断遭到扫射，伤亡无数，但他们的还击也造成第52步兵团150名士兵伤亡。

▲ 在这幅描绘滑铁卢战役最后时刻的画作中，罗兰·希尔将军在劝说老近卫军投降

滑铁卢战役打响

法军人数
72000
法军伤亡
（死亡或受伤）
25000
被俘
8000—9000

盟军人数
（威灵顿麾下）
68000
盟军伤亡
死亡
3500
失踪
3300
受伤
10000+

普鲁士军人数
50000
普鲁士军伤亡
（死亡或受伤）
7000

33000

60000
参战的马匹数量

大约 400
使用的大炮数量
（法军250，盟军150）

42000
战斗期间发射的炮弹总数

2—3英里
盟军前线长度

2.5
平方英里
战场范围

185.4
英里
从巴黎到滑铁卢的距离

威灵顿军队中三分之一是英国人，其余主要是德意志人，以及一些荷兰人。

一名英国士兵的每日配给：1品脱①红酒或1/3品脱朗姆酒或杜松子酒，1磅牛肉和1.5磅面包

6FT 加入拿破仑著名的老近卫军所要求的最低身高为6英尺②

滑铁卢战役的前一天拿破仑派出追击普鲁士军的人数

£20 英国士兵的年薪20英磅

54
拿破仑在滑铁卢战役之前取得的胜利次数是54次。这是他第8次杀入决战

39
威灵顿在滑铁卢战役之前取得的胜利次数

46
拿破仑指挥滑铁卢战役时的年龄

44
年纪最大的士兵年龄

17
最年轻的战士——沃尔特·福布斯的年龄

---

① 1品脱约为0.57升。
② 1英尺约为0.3米。

皇帝的末日

拿破仑几乎征服了全世界,但在滑铁卢,
他面临着意想不到的事情:战败。

1815年6月18日下午7点,在滑铁卢镇以南4.8千米处,由拿破仑率领的法军面对由英国威灵顿公爵领导的盟军。这场战斗正处于紧要关头,法军或盟军的任何一个举动都可能是致命的。威灵顿也已经筋疲力尽了,他的部队经受了数小时的炮击。战场上到处都是伤亡的士兵。一拨又一拨的逃兵使他薄弱的中军暴露无遗。对一名需要证明些什么的法军统帅来说,时机已经成熟。

尽管拿破仑拥有军事天赋和周密的计划,但他本质上是一个敢于冒险的人。这种爱冒险的性格为他赢得了世界上最有权势的地位,但也让他付出了一切。他知道冒险的力量,知道冒险能带来什么,也知道冒险能使人失去什么。在滑铁卢战场上,他再一次冒险。6000名法军士兵——他那永不言败的富有传奇色彩的帝国近卫军,向山脊上的威灵顿部队猛冲过去。近卫军已经精疲力竭了,但这是皇帝最后的希望。

有些人称他疯狂,但他陶醉其中。尽管在霍高蒙特遭到英军的猛烈攻击,但法军帝国近卫军还是突破了盟军的防线,与威灵顿的部队短兵相接。然而,英军一直在等待、观察和备战。他们火枪上膛,刀剑出鞘,埋伏在草丛中。当拿破仑的士兵突破防线时,他们发射了一阵子弹,近距离扫射了法军士兵。仅第一拨射击就有约300人中枪。正当法军准备反击时,第52轻步兵旅的900名士兵冒着浓烟和炮火出现了。其后果是毁灭性的。尽管法军的猛烈反击让英军150人死伤,但英军的冲锋却引发了一场前所未有的后果:帝国近卫军撤退了。

> 逃亡的波拿巴的支持者在阿拉巴马州建立了葡萄和橄榄殖民地,但到1825年,它便已经不复存在了。

▲ 据说,在巴黎庆祝胜利时,英国人要比普鲁士人和俄国人显得恭敬得多

这对法军的影响是立竿见影的。这支不可战胜的力量——强大的帝国近卫军正在撤退。这只意味着一件事:他们战败了。"近卫军撤退了"的喊声在战场另一边都可以听到。

普鲁士骑兵出现在威灵顿的东侧,加入战场,彻底粉碎了法军扭转局面的希望。无序和混乱在战场上弥漫。2200名帝国近卫军士兵或死或伤,而盟军则因疲惫和兴奋而发狂,在战场上追击法军。威灵顿挥舞帽子3次,示意全面进攻,结果一片混乱。

威灵顿在一片混乱、尖叫和升腾的烟雾中,瞥见了处于战斗中心的法国皇帝。皇帝看到这一切,面色苍白,浑身颤抖。威灵顿是有机会的。他只要下令开枪,伟大的皇帝就会死去。但是公爵命令他的士兵不要开枪。拿破仑在士兵们的掩护下不见了。即使失败,他们仍然忠于他。

在战场的其他地方,战斗仍在继续。帝国近卫军的3个后备营在拉海圣附近集结,准备最后的抵抗,但一支盟军部队冲进了他们的队伍,造成了大规模的混乱。他们也被迫撤退。在被追击时,一些帝国近卫军士兵被劝投降。据说,他们曾喊道:"近卫军宁可死,也不会投降的!"

在他的周围,士兵纷纷倒地,惊慌失措地爬到车厢下,以躲避普鲁士军的追击。

▲ 拿破仑在哀叹滑铁卢战役时，说："按照战争规则，我本应该打赢这场仗。"

拿破仑在滑铁卢

　　这位皇帝在圣赫勒拿岛流亡期间，有很多时间思考为什么在滑铁卢战败。对于今天的历史学家来说，幸运的是，他的关于这场使他声名狼藉的战役的一些想法都有记录。在前往小岛的路上他哀叹道："啊！要是再来过一遍就好了！"看起来拿破仑对于他的失败真的很惊讶。1815年12月，拉斯卡斯伯爵拜访了他，说："在他的脑海中，没有哪一场战斗像滑铁卢战役这样让他有不少疑问。他仍然对所发生的一切感到茫然。"尽管哀叹声仍在继续，但随着时间推移，拿破仑将失利归咎于其他原因，声称如果不是因为"格鲁希的无能，我应该赢得这一天"。拿破仑将失败归咎于许多将军，但他也进行了自责。他承认他的骑兵冲锋可能太早了，也许他应该在普鲁士人在利尼占上风时下令撤退，甚至应该再等1个月再开始这场战役。然而，他没有将胜利完全归功于威灵顿，称战役结果没能反映出"威灵顿公爵作为将军的任何功劳"，并列出了他所有的错误。虽然拿破仑赞扬了英军的勇敢，但他说，这场胜利与其说是威灵顿的，不如说是布吕歇尔的。到1816年11月，他对自己的失利更加泰然自若。他觉得那天的失败是他的宿命，没有什么能改变这一点。

▲ 拿破仑从滑铁卢战场上撤退

如果拿破仑听到，一定会倍感骄傲。但他仍在试图集结他的军队。在他的周围，人们纷纷倒地，惊慌失措地爬到车厢下，以躲避普鲁士军的追击。他们害怕被敌人抓住，不知被抓住了，自己的命运会怎样。意识到士兵已不再听命于他，拿破仑最终放弃了战斗。他骑上马，消失在夜幕中。虽然滑铁卢战役输了，但这并不意味着他失去了巴黎。

战役后果

关于滑铁卢战役的最后时刻是有记录的，但与大多数胜利一样，其后果往往被人遗忘。拿破仑骑马前往巴黎，威灵顿长长地舒了一口气，回到了战场上。这时，他才回过神来，看到了战场上的惨象。尸体堆积在泥土地上，受伤的和垂死的士兵的呻吟声汇成了可怕的合唱。

> 巴黎的政客们非常清楚，除非拿破仑亲自投降，而不是法国投降，否则盟军的进攻是不会停止的。

战场上，士兵们死于感染、失血过多，甚至饥饿，这是因为盟军带走了他们所有的军医和运货马车。大约5万人和7000匹战马伤亡。

甚至连拿破仑本人也没能逃过劫掠，他匆忙丢弃的马车很快就被人发现了。在里面，人们发现了一本马基雅维利的《君主论》的注释本，以及一批钻石。这些钻石后来出现在普鲁士国王珍贵的王冠上。

盟军共伤亡约2.3万人；法军共伤亡约2.5万人。昔日田园诗般的牧区被烧焦了，满目疮痍，农舍和其他建筑遭到了严重的破坏，有些伤痕至今还保留着。

盟军也许赢得了这场战役，但他们仍有一些工作要做。威灵顿于1815年6月19日向伦敦发出正式公文，详细地描述了这场战役是如何获胜的。这篇文章于6月22日在《伦敦公报》上发表。这场胜利很快成为英国历史上最具标志性的事件之一。与此同时，威灵顿、冯·布吕歇尔和盟军的其他成员开始了欢呼：向巴黎进军，主要目的是要把拿破仑永远赶出欧洲大陆。

拿破仑逃亡

拿破仑战败的消息比他本人早两个小时到达首都。对拿破仑来说，操纵事实真相不是什么新鲜事。他曾谎报过胜利，但这次他不会有这么好的运气了。

战败的消息传遍了大街小巷，人们的情绪迅速发生了变化。自从拿破仑从流放中归来后，人们就一直沉浸在一种陶醉和兴奋的情绪中，但是一听到他战败，他们就不得不面对残酷的现实。盟军正向法国逼近，不久就会打开巴黎的大门。拿破仑失败了。他的统治结束了。

然而，拿破仑并不急于接受这个事实。他还没有输。他曾被流放，但他回来了。他无数次从失败中夺回了胜利，他还可以再来一次。他尽其所能召集部队重整旗鼓，重新投入战斗。然而，他的人民，尤其是法国政府，并不认同他的想法。

巴黎的政客们非常清楚，除非拿破仑亲自投降，而不是法国投降，否则盟军是不会停止进攻的。一天后，经过无数次的争论，皇帝终于意识到所有人都背叛了他，于是让位给了他的儿子。这一退位甚至连他自己都意识到可能不会持续太久，因为盟国想要恢复路易十八的王位。

拿破仑的处境很艰难。他在法国失去了权力，普鲁士军奉命要捉住他，不管他是死是活。他最不希望的就是落到普鲁士人手里，所以他酝酿了一个逃到美国的计划。

许多大革命时期和帝国时期的法国流亡者都逃到了美国，这似乎是一个比接受处决更好的选择。法国政府同意了，并落实了让皇帝在罗什福尔登船的计划。对拿破仑来说，不幸的是，英国人早就想到了这一点，封锁了法国的港口，拿破仑根本不可能逃掉。

▲ 1816年，丹尼斯·戴顿绘制的维维安旅的英军骠骑兵

皇帝投降了

面对普鲁士军的残酷——要他的项上人头，以及法国人联合起来反对他，拿破仑决定向一个不太可能的朋友——英国寻求庇护。皇帝的弟弟曾在英国当过一段时间的战俘，很清楚英国的行为准则不可能将他处以死刑，而死刑正是普鲁士人所希望的。于是拿破仑写了一封信给亲王，请求他的怜悯，信中夸赞"英国人民热情好客"，并赞扬了亲王的慷慨。亲王对这封信印象深刻，声称这封信比他从路易十八那里收到的任何一封信都要好。一切都安排妥当了，拿破仑在滑铁卢战败1个月后的7月15日，登上了"柏勒罗丰号"。

此时，法军已经解散。盟军在7月7日进入巴黎，把路易十八推上了王位。尽管拿破仑才华横溢，成就斐然，但他已是旧政权的象征，与英国及其盟国试图打造的新世界格格不入。他们讨论过该不该处决他的问题，理由很充分：拿破仑以前也曾从流放中归来，他有一个令人恼火的本事，那就是在任何情况下都能把不利因素转变成对自己有利的局面。但也有是否让他成为殉道士的争议。奇怪的是，英国人对他既着迷又感兴趣。

杀了他可能不会有什么好结果。盟军决定，最好把他偷偷转移到某个遥远的地方，在那里他将不能参与欧洲事务。一个岛上的老人远不如一个为国捐躯的英雄更有力量。

拿破仑还没有踏上英国的土地，就登上了"诺森伯兰号"，驶向圣赫勒拿岛——一个遥远的火山岛。对英国及其盟国来说，拿破仑对欧洲事务的干涉终于结束了。然而，对皇帝来说，圣赫勒拿岛将是他未来6年的家，也是他雄心勃勃、非凡的一生痛苦而孤独的结局。

▼ 在滑铁卢战役中,迎战法军铁骑的英军方阵

战利品

在与拿破仑进行了近25年的战争之后，
同盟国真的有所收获吗？

滑铁卢战役使两万多名英国、普鲁士、荷兰和汉诺威的士兵战死沙场。法军的伤亡人数从未被统计，可能超过2.4万人。盟军缴获了数百门法军大炮和弹药车。普鲁士人还抢走了拿破仑的私人马车和他所有的私人物品，以及大量的钻石和少量的现金。当地的农民（也包括战场上的拾荒者）从尸体上取下牙齿，卖给牙医做假牙。与此同时，盟军占领了巴黎，并运走了许多拿破仑

▲ 1819年的彼得卢大屠杀就是由滑铁卢而得名的。人们示威抗议是因为滑铁卢战役造成了经济危机

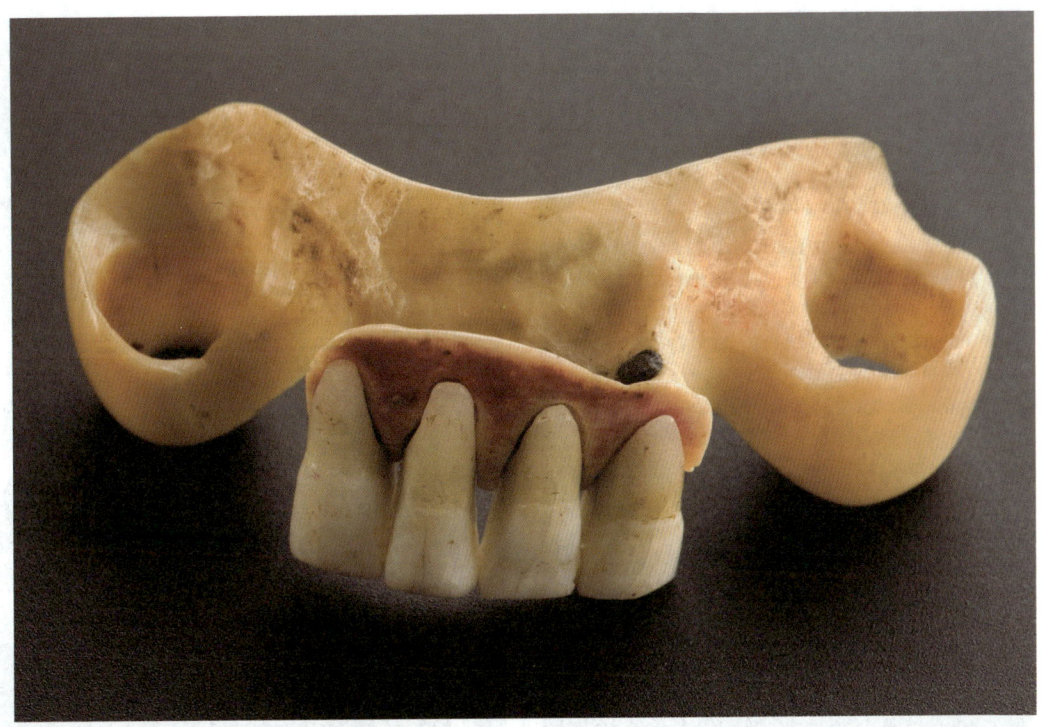
▲ 直到19世纪，用人类牙齿制作的假牙被称为"滑铁卢牙"

从教皇手中掠夺的卢浮宫的艺术珍品。摄政王把它们运回了罗马。

分蛋糕

随着拿破仑再次被流放到遥远的圣赫勒拿岛，盟军不再与法国交战。但是，欧洲的稳定取决于法国边境的安全及重新划定国界，防止任何一个帝国拥有太大的权力。自从1814年拿破仑第一次退位以来，维也纳会议就一直在讨论这个问题的细节。最后的条款实际上在滑铁卢战役的前9天已经由欧洲主要国家（奥地利、英国、普鲁士和俄国）商定完毕。法国失去其东部边境的一些土地；英国得到了一些殖民地，包括南非海角、毛里求斯、锡兰和特立尼达和多巴哥。但最大的变化发生在中欧。

普鲁士占领了莱茵河左岸和萨克森约60%的领土。奥地利占领了意大利北部。俄国夺取了波兰的一大片领土，并可以继续占领芬兰。德意志变成了巴伐利亚、符腾堡和萨克森3个独立的王国。这些结果建立在一种势力平衡的基础上，从而防止欧洲在一个世纪内爆发另一场全面战争。但这是以牺牲拿破仑所推崇的自由和人人平等的主张为代价的。法国、西班牙和那不勒斯恢复了波旁王朝统治，但很快就被废除了。

经济废墟

对于花费了6亿英镑对抗拿破仑的英国来说，战争带来了金融危机。由于政府不再购买粮食来养活军队，粮食的价格暴跌。在战争期间，即使在贫瘠的土地上也能盈利的农场，如今难以为继，家畜的价值下降了50%。由于银行取消抵押赎回权，土地所有者和佃农都陷入了债务困

熊皮帽的起源

滑铁卢战役中,英军第1近卫步兵团由梅特兰少将指挥。

他们驻扎在圣让山的坡后,没有受到炮火的轰炸,因此拿破仑派帝国近卫军来对付他们。众所周知,这支精锐部队从未在战斗中被击败(部分原因是他们通常作为后备力量)。当他们爬上山顶时,1400名英军步兵,向他们进行了毁灭性的扫射,导致法军帝国近卫军狼狈撤退,并在法军中引起了恐慌。

当威灵顿胜利的消息传到英格兰时,摄政王得知第1近卫步兵团曾与近卫军骑马掷弹兵正面交锋。为了纪念这一点,他们的团被改名为"近卫掷弹兵团",他们也采用了法军戴的熊皮帽子。英国近卫步兵团实际上击溃的是法军近卫军的猎骑兵团。尽管摄政王得到的信息有误,但这仍然是今天近卫军掷弹兵团仪式服的一部分。滑铁卢战役后,皇家近卫骑兵部队也借鉴了法军的制服设计。他们的抛光钢制胸甲便是受法军胸甲铁骑的启发而设计的。

▲ 法国老近卫军掷弹兵戴上熊皮帽子使他们看上去更高、更威风凛凛

▲ 维也纳会议中的外交官们。实际上,与会者从来不会在同一时间见面。谈判是以小组形式进行的

随着经济恶化,纸币开始贬值,金条流出。

境。英国削减了约30万名士兵,但他们没有养老金。随着经济恶化,纸币开始贬值,金条流出。放贷人趁机介入信贷业。罗斯柴尔德的金融帝国就诞生于滑铁卢战役之后,并逐渐主宰了整个欧洲的借贷市场。

英国抗击拿破仑的部分原因是为了确保法国大革命不会蔓延到整个欧洲。但是,滑铁卢战役之后可怕的经济状况几次将英国推到革命的边缘。

帝国的毁灭

- 175　流放中的拿破仑
- 188　如果拿破仑赢了滑铁卢战役……
- 194　滑铁卢：19世纪的转折点

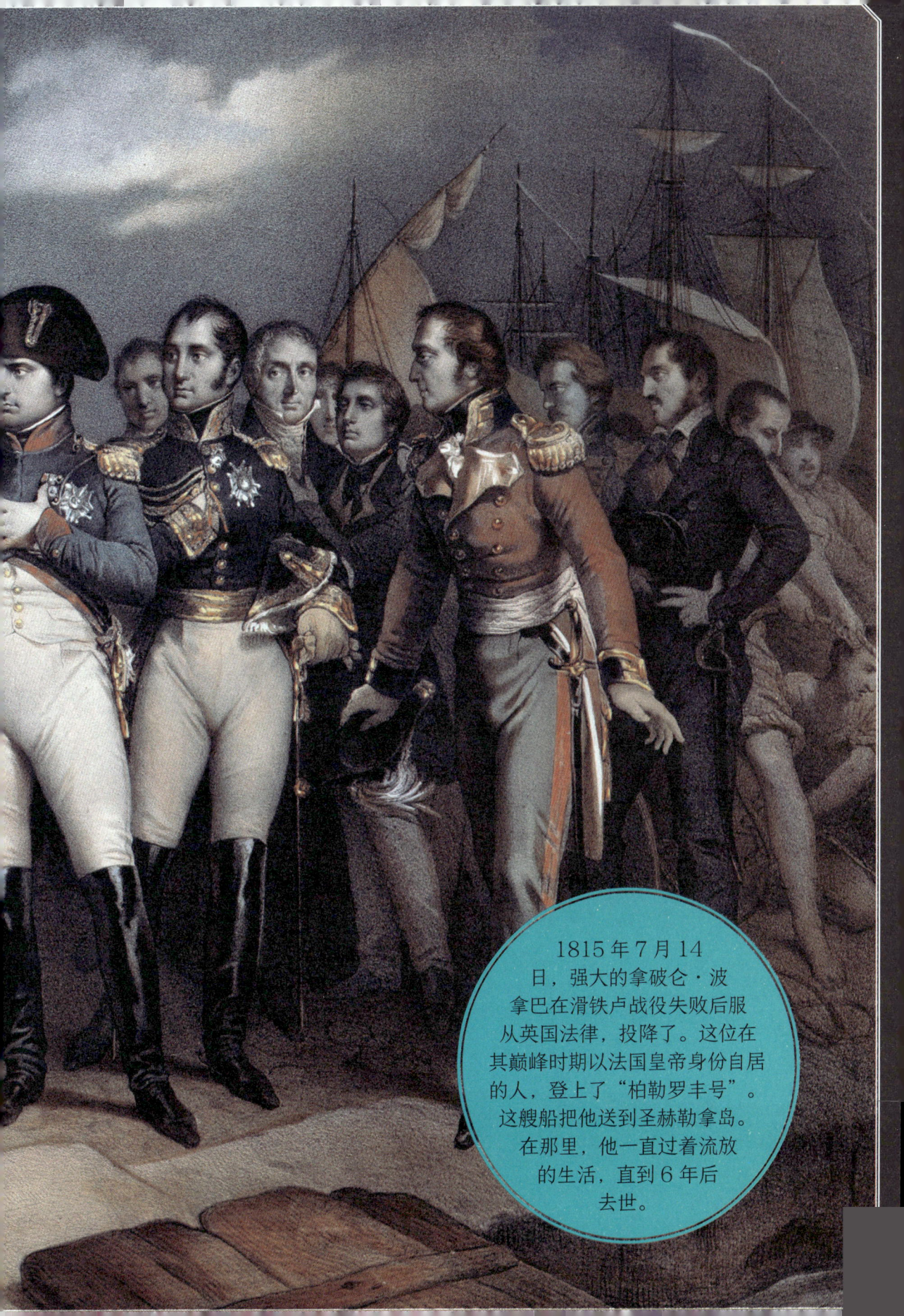

1815年7月14日,强大的拿破仑·波拿巴在滑铁卢战役失败后服从英国法律,投降了。这位在其巅峰时期以法国皇帝身份自居的人,登上了"柏勒罗丰号"。这艘船把他送到圣赫勒拿岛。在那里,他一直过着流放的生活,直到6年后去世。

流放中的拿破仑

曾从流放中逃脱一次的拿破仑能在
无情的圣赫勒拿岛上再次逃脱吗?

拿破仑·波拿巴作为英国的囚犯，在遥远的南大西洋圣赫勒拿岛度过了生命中的最后6年。尽管这座小岛与世隔绝且地形险恶，令任何想营救这位前法国皇帝的人都望而却步，但是密谋逃跑的谣言还是不绝于耳。英国政府对此非常重视，并竭尽全力阻止营救拿破仑。但是拿破仑真想逃跑吗？

拿破仑在1815年6月的滑铁卢战役失败后，放弃了法国皇位，投降英国，希望摄政王（未来的国王乔治四世）能给予庇护。结果英国（欧洲各抵抗拿破仑势力联盟的代表）却将他送到圣赫勒拿岛。

圣赫勒拿岛距非洲西部1900千米，离巴西东部3200千米，形似一块巨大的岩石，似乎是藏匿威胁公共安全的危险人物的理想场所，尤其是对于几个月前刚逃离了并不遥远的厄尔巴岛的人来说。

越狱绝非易事。圣赫勒拿岛实际上位于一座死火山的顶部。在陡峭的悬崖之间几乎没有几处可供登攀的地点，且岛内布满纵横交错的山峰和峡谷。与看守拿破仑的军团一起来的一位英国外科医生把这个岛描述成"你能想象的要多丑陋就多丑陋，要多荒凉就多荒凉的岩石。山路崎岖，陡峭不平，就像从脸的深处长出一颗巨大黑疙瘩立在那里"。

除了天然屏障外，岛上还有许多人造屏障。自17世纪中叶以来，圣赫勒拿岛一直为东印度公司所有。它是频频穿行于欧亚的船只的重要停靠港，有军队驻防。登陆地点建有坚固的防御堡垒，并有威力十足的大炮防卫。堡垒俯瞰着岛上的主要居住地和詹姆斯敦港。

1815年10月，当载有拿破仑的舰船在詹姆斯敦抛锚时，"每一处平地，每一个豁口，每个山顶都设有一枚大炮"。拿破仑登上甲板，透过望远镜看到岛上高地高挺林立的枪炮后，一言不发地回到自己的船舱。

在拿破仑被囚期间，看守措施被极大加强：增加了更多大炮，数量约为500门，日夜都有人值守；加上从英国增派来的部队，使驻军人数增至2800人。对于一个仅120平方千米的岛屿和大约6000名平民来说，这是一个庞大的数字。仅戴德伍德平原上就驻扎了500多名士兵。在此，可将拿破仑的朗伍德府邸，全景尽收眼底。

朗伍德距离詹姆斯敦8千米，有两重防卫。在以府邸为中心半径6千米的范围内，拿破仑可以自由地骑马或散步，不受限制。周围由干燥的石墙包围着，每隔50步就有一个哨兵。晚上，不允许任何人进出朗伍德庄园。哨兵子弹上膛，枪上刺刀，以15步的间隔站在屋外。在约19千米半径的范围内，由岗哨和全副武装的卫兵防御。如果拿破仑想走出这一区域，必须事先请示，并在英国军官的陪同下才可以。

有一位英国船长常驻朗伍德。他必须每天向赫德森·洛总督汇报两次，向总督确认他见过拿破仑。未经事先授权，不允许任何人与拿破仑或其随从交流。来往于朗伍德府邸的任何信件都必须首先由总督或其伦敦上司阅读。当时的上司是主管战争与殖民地的事务大臣巴瑟斯特勋爵。

英军在岛上所有的制高点都设置了瞭望塔。任何可疑的活动都可以使用信号旗在整个岛上传递。所有道路都有人巡逻监视。日落之后，詹姆斯敦外面实行宵禁。

一位常驻朗伍德的英国船长必须每天向总督赫德森·洛报告两次，以证实他见到了拿破仑。

▼ 拿破仑坐在圣赫勒拿岛沙滩上。奥斯卡·雷克斯绘制

圣赫勒拿岛的海岸和周围水域由一个海军中队保卫。该中队由3艘巡航舰、2艘风帆战舰和6艘双桅船组成。后者不断在岛上巡游。从瞭望塔可以看到90千米以外的船只。任何想要接近圣赫勒拿岛的船只都会被伴航，直到被准许锚定或被送走为止。不允许船只在日落和日出之间驶入或离开。

法国驻该岛的专员蒙什尼侯爵在给朋友的信中详细介绍了全方位的羁押措施。他写道："实际上，逃跑根本是不可能的。"

然而，果真如此吗？这个精心安排的英国警戒线有漏洞。拿破仑和他的随行人员能够贿赂商船的船长，甚至英国军官，让他们把信件带离小岛。欧洲的访客可以为拿破仑偷偷传递信息，或者夹带礼物。有几个未经许可进入朗伍德府邸的例子。1816年1月，拿破仑在骑马时逃离了护卫。他前往距大海不到两千米的鲍威尔谷地，在那里没有卫兵把守，但这一疏漏很快得到解决。

拿破仑讨厌自己受到限制。他讨厌总督赫德森·洛，想方设法给他出难题，使其看守工作愈发难做。他在朗伍德待了很长时间，观察那些看守他的人。他扬言要击毙任何侵犯其隐私的人。那位要报告他行踪的船长不得不设法从远处查看拿破仑，或者从拿破仑府邸的人那里得到消息，证实他还在。

不久，越狱细节就落入了总督的手中。一封邮戳日期为1816年3月的信被拦截。信中提到一艘船"会呈旧酒桶形状漂流到岛的后方……如此构造是因为无论拽拉其哪一端都使其适合海上航行，而且其内部的船和帆都将被涂成与海洋相符的颜色"。信中假设拿破仑顺着绳子滑下悬崖，登上这艘船，去往最终目的地美国。

1816年7月，总督洛从巴瑟斯特勋爵那里收到了一封信，警告他一艘名叫"真正的美国佬"的武装民用船计划从巴西航行。这些"最具胆量和冒险精神的海盗……谈论着要装备一两艘纵帆船。人们相信他们是要派一艘船去特里斯坦-达库尼亚群岛，并在离圣赫勒拿岛一定距离的海域游弋，在那里接应拿破仑。如果拿破仑能得知他们的意图，并设法乘船驶入该水域的话"。巴瑟斯特随后命令洛派遣一支小部队占领特里斯坦-达库尼亚群岛，以防被用作营救的基地。该岛位于圣赫勒拿岛以南1900千米。英国人出于同样原因占领了阿森松岛。

次年，前拿破仑帝国近卫队成员尼古拉斯·拉乌尔在费城告诉法国外交官，拿破仑的哥哥约瑟夫（当时居住在该城）委托他策划营救拿破仑的计划。这包括在美国招募人员和军官，因为那里有许多效忠拿破仑的流亡者。

▲ 拿破仑在第二次流放期间写的第一封信

英军在所有的制高点都设置了瞭望塔。

▲ 拿破仑在书房边踱步边向古尔戈将军口述回忆。查尔斯·奥古斯特·施托伊本绘制

囚禁拿破仑的代价

流放只是惩罚的一种。皇帝和他的随从的花费远远超过他们的预期。

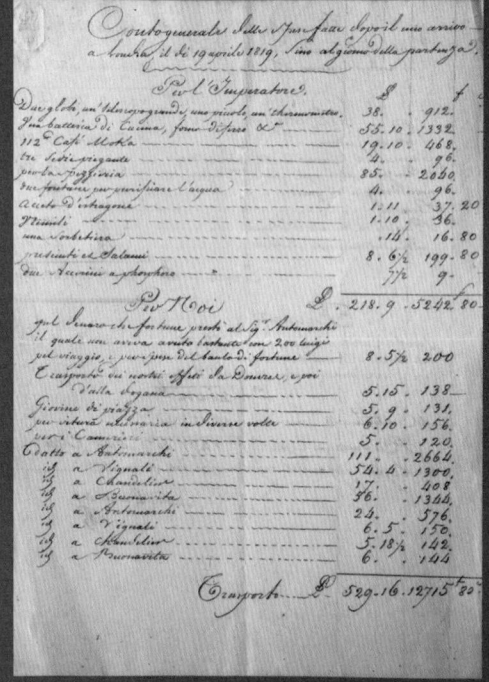

▲ 安东尼奥·博纳维塔于1819年写的信,其中涉及供给拿破仑的物品

拿破仑到达圣赫勒拿岛时,随行人员有24人,包括伯爵、将军及他们的妻子、孩子和仆人。所有这些人都必须得到供养。英国政府规定,拿破仑一家每年的开支不应超过8000英镑,这是英国最高级将领的津贴。但没过多久,供养郎伍德府邸的年度成本飙升至约2万英镑。一部分原因是大量的人拥入该岛,造成供应短缺,物价提高,另一部分原因是拿破仑的随从们铺张浪费。

每天供应商必须提供"90磅牛肉、6只鸡、74磅面包、5磅黄油、2磅猪油、9磅糖、1.25磅咖啡、1磅茶、9磅蜡烛、30个鸡蛋、1磅奶酪、5磅面粉、7磅咸肉、2.75磅重柴火、3瓶啤酒,以及蔬菜、水果、油和醋,此外还有7瓶香槟或格拉夫葡萄酒、1瓶马德拉酒、1瓶康斯坦莎、6瓶普通的酒,而且每个仆人也有权每天享有1瓶开普酒或加纳利红酒"。

每隔两周就要提供以下食物:"8只鸭子、2只火鸡、2只鹅、2只糖面包、半袋大米、2只火腿、重14磅45蒲式耳煤、7磅黄油、盐、芥末、胡椒、刺山柑、灯油、豌豆、价值4英镑的鱼、5英镑的牛奶。"

他们消耗的酒量令英国人震惊,并成为下议院讨论的议题。除子女和仆人外,拿破仑的家中有9名成年人,外加拿破仑。两周内,他们喝了266瓶葡萄酒(每人每天近2瓶)和42瓶波特酒。

总督赫德森·洛要拿破仑节俭一些。为了表示抗议,并非一贫如洗的拿破仑命令他的随从卖掉一些他带来的银制餐具。这达到了预期的结果——使得英国人看起来很刻薄。洛终于说服巴瑟斯特勋爵将拿破仑的津贴提高到每年1.2万英镑。

与囚禁拿破仑所要花费的费用相比,郎伍德府邸的津贴相对较少。此外,还要为额外的军队发放工资和给养,要购买武器及付总督薪水(1.2万英镑,其中包括洛的家用津贴)。海军中队的开销也很大。1816年,将拿破仑囚禁在圣赫勒拿岛的年度费用(包括增加的拿破仑津贴)约为9.6万英镑。拿破仑在圣赫勒拿岛上待了5.5年,监禁他的总成本约为4340万英镑。

还要采购并装备两艘纵帆船：一艘在巴尔的摩；另一艘在安纳波利斯。还有一艘纵帆船将离开费城前往圣赫勒拿岛，"目的是观察英军巡洋舰的位置和英军的兵力，然后驶回并报告给远征队"。

据拉乌尔透露，一位法军上校已经和32名军官一起去往巴西东北部的伯南布哥州，准备在距巴西海岸350千米的费尔南多·迪诺罗尼亚岛上筹建中转基地。

在这里，载有大约80名军官和700名士兵的美国双桅帆船将并入由叛将英国海军上将托马斯·科克伦勋爵指挥的战列舰。这艘舰上载有74门大炮和800名士兵及200至300名军官。这支部队将驶向圣赫勒拿岛，并摧毁防御该岛的舰船。然后会在3个地点发动进攻：北部的詹姆斯敦、南部的桑迪湾和朗伍德附近的普罗斯珀勒斯湾。

首批进攻分队将登岛，引开英军；另一队占领该岛的防御工事；第三队负责救出拿破仑，并将其接上船，送往美国。

但进一步的调查结果与拉乌尔的许多说法互相矛盾。1817年11月，伯南布哥州的一名法国人供认了该计划的另一个版本："它的目的是装备一艘或多艘快艇，足够宽敞，可以容纳几艘小型汽船。这些船只建造完成后将与圣赫勒拿岛保持相当远的距离。然后在夜间派遣汽船。汽船由能闯过一切艰难险阻的人员驾驶。希望他们中有幸成功，使刚下台的皇帝获得自由。"将这个消息报告给外交部后，驻当地的英国和法国官员对在美洲的拿破仑追随者进行了严密监视。

许多关于逃跑的谣言可能是拿破仑的支持者散布的，目的是恐吓欧洲各国政府并保持自己的希望。1818年11月，当另一起密谋逃跑的传闻传到伦敦后，一家报纸评论："这人，这个祸害世界的人，仍然在很大程度上能引起公众的关注，简直令人难以置信。"

尽管如此，英法两国政府鉴于欧洲局势，对这些营救计划仍然不敢掉以轻心。1820年9月，巴瑟斯特向总督洛发出了最严厉的警告："看了你最近提交的关于拿破仑与其随员动向的报告，我怀疑，他开始认真考虑逃离圣赫勒拿岛了。而且，从那以后他收到的关于欧洲局势的报道更激

▲ 赫德森·洛，圣赫勒拿岛的总督，拿破仑最讨厌的监狱长

逃跑的谣言很有可能是拿破仑的支持者为恐吓欧洲各国政府而散布的。

▼ 朗伍德府邸——拿破仑流放期间在圣赫勒拿岛的住处

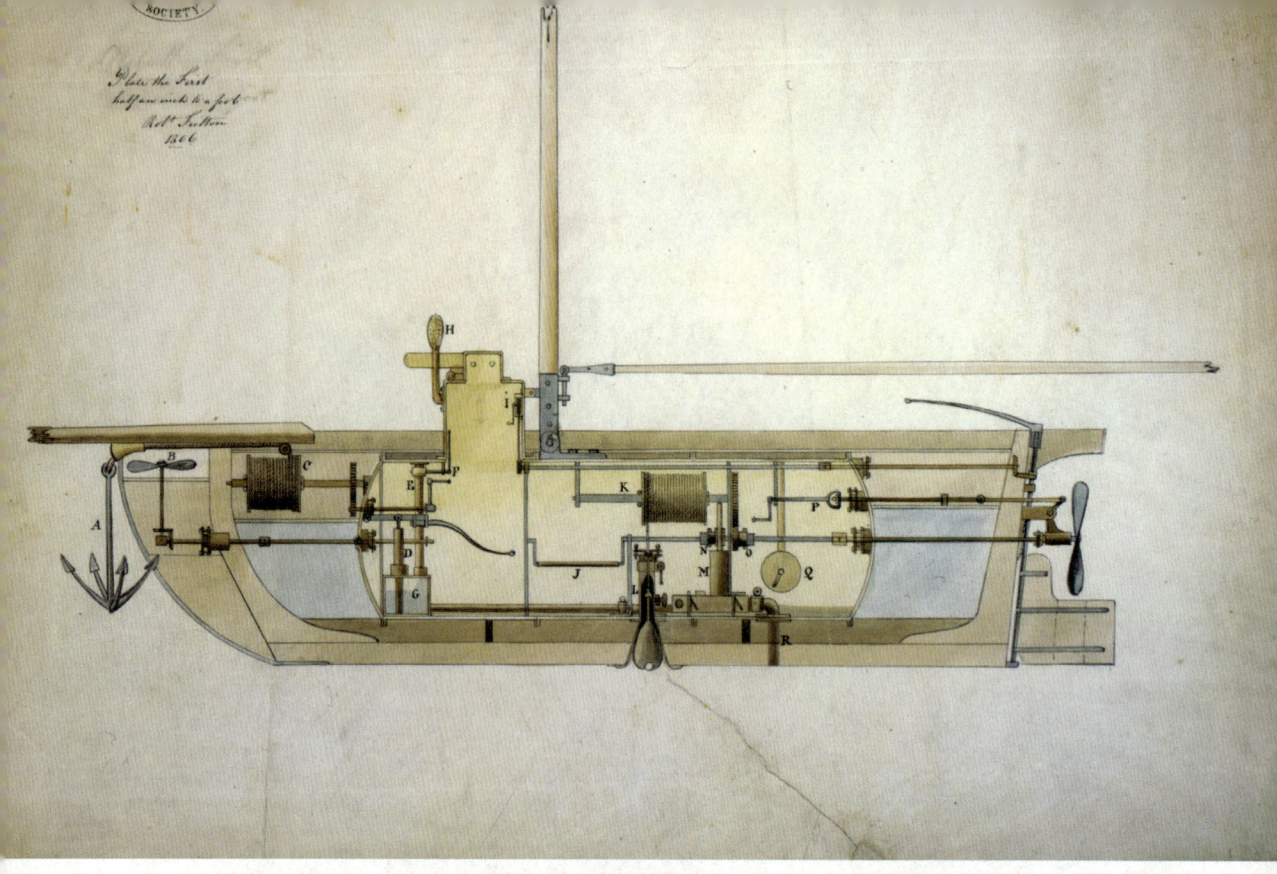

▲ 1806年由富尔顿设计的潜艇。它本可以在营救拿破仑的行动中发挥作用

> **"我不能作为毫不知名的人生活。我宁愿做一个囚犯，也不愿自由地生活在美国。"**

发了他逃跑的欲望。那不勒斯政府被推翻，意大利或多或少掀起的革命热潮，法国令人堪忧的状况一定会刺激他的神经。显然，危机尚未爆发。但如果他逃跑成功，危机便真正到来，后果不堪设想。他的支持者仍很活跃，这一点毋庸置疑。如果有冒险的机会，他是绝不会错过的。"

"我无法判断这种尝试将以何种方式和手段进行，但是我很清楚这场风暴不会在朗伍德悄无声息地过去。波拿巴将军有钱，而且他的支持者人数众多。尽管信息时不时地会被看守人员拦截，但他有办法与外界联系。现在的时机最有利于逃跑，而且，即便不考虑他那爱冒险的性格，我也无法说服自己他会退缩。况且如果成功了，将是一番无可比拟的前景。"

当时酝酿的逃跑计划是最异想天开的：开潜水艇去营救拿破仑。但这并非遥不可及。早在17世纪，人们就已经建造了可以在水下短暂航行的船只。在美国独立战争期间，一艘美国潜艇试图炸毁一艘英国船只，但未成功。1800年，当拿破仑担任第一执政官时，美国发明家罗伯特·富尔顿在法国成功进行了几次潜艇试验。

拿破仑撤回他的支持资金后，富尔顿迁居英国。在那里他可能遇到了爱尔兰冒险家托马斯·约翰逊。在富尔顿回到美国后，约翰逊声称已经对富尔顿的图纸了如指掌，并认为自己有能力造出潜艇。

在1812年战争期间，英国政府委托约翰逊建造一艘潜艇，显然他付诸实施了。1820年年

约翰逊计划把拿破仑伪装起来。

初,政府派人去确定这艘船是否真的值约翰逊的要价10万英镑。

他们付给他的钱不到5000英镑。

约翰逊声称,为了营救拿破仑已经建造了两艘蒸汽动力潜水艇——"雄鹰号"和小一些的"埃特纳号"。这两艘船配有20枚鱼雷,将在朗伍德附近的海岸停泊。它们白天潜入水下,晚上浮出水面。

"一切都安排得井井有条,然后我去岸上,并带上一些小物件,如一团结实的绳索、一大块铁栓。我可以借助这些在郎伍德府邸对面从与潜艇并行的岩石顶部滑到地面。然后,我有机会被引荐给皇帝陛下,给他讲讲我的计划。"

约翰逊计划把拿破仑伪装起来,然后将他从悬崖边顺下来,登上"埃特纳号"潜水艇。然后,他会"解开系泊设备,与'雄鹰号'并行……天黑后就开始行动。我应该用蒸汽驱动潜艇,直至把潜艇停到该岛适合停泊的地方,然后给船装上桅杆并扬帆起航,驶向美国。我估算没有任何敌舰可以阻碍我们的航行……"

"假如有袭击发生,我会收起船帆,放下帆桁和桅杆(只需约40分钟),然后潜入水中。在水下,我们应该会等待敌舰的到来,然后借助'埃特纳号'潜水艇,将鱼雷绑到敌舰的底部,将其在15分钟内炸毁。"

约翰逊实际上可能在1820年年末让一艘潜艇下水。画家沃尔特·格里夫斯在切尔西拥有一个船坞的父亲后来声称:"有一艘神秘的船,试图要潜入水下……要把拿破仑从圣赫勒拿岛救出来。11月的一个漆黑的夜晚,它顺流而下,设法从伦敦桥下通过。几位军官登上潜艇,约翰逊船长威胁要向他们开枪。但是那些军官根本不在乎。他们控制了潜艇,并摧毁了它。"约翰逊在1821年声称:"流亡皇帝的死讯传来时,这艘船已经到了镀铜阶段。"

即使约翰逊或其他营救者设法到达了圣赫勒拿岛,拿破仑会愿意冒生命危险逃跑吗?

据拿破仑在圣赫勒拿岛上的随行人员说,流放的皇帝考虑了几种推荐的计划,但拒绝尝试任何一个。拿破仑在回应一项计划时说,他"相信计划会成功,但他不想与无法改变的命运抗争。他执着地拒绝这个提议"。更重要的是,拿破仑认为像一个普通罪犯那样伪装或躲藏有损他的尊严。

拿破仑去世后,在圣赫勒拿岛陪伴他的亨

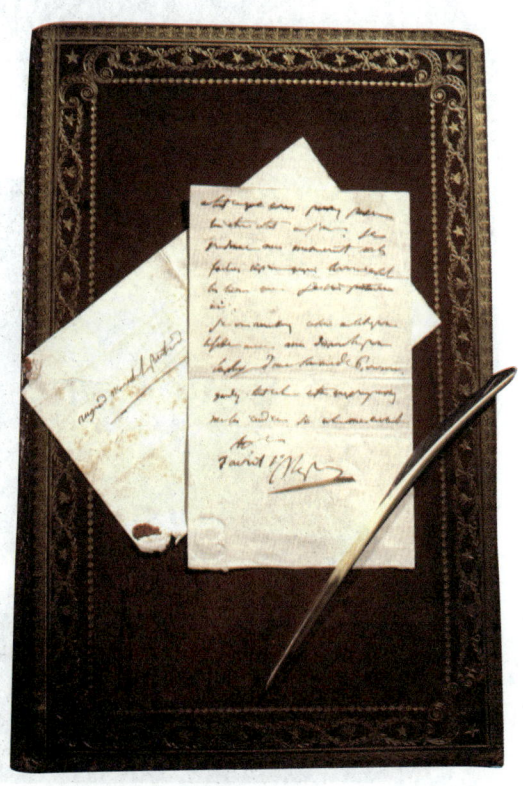

▲ 拿破仑写于流放期间的遗嘱

▲ 被流放的拿破仑神情复杂

利·贝特朗和查尔斯·蒙托隆将军对霍兰勋爵说:"他不是一个愿意隐瞒、伪装或委屈身体的人。""如果他不能头戴帽子,身挎佩剑,在船上随意走动,他是不会采取任何措施逃走的。"

加斯帕尔·古尔戈将军告诉俄国驻圣赫勒拿岛专员巴尔曼伯爵,拿破仑可以"随时前往美国"。当巴尔曼问为什么拿破仑不这样做时,古尔戈回答:"不管他在这里多么不快乐,他都暗自享受被看重的感觉。这体现在他受到严密的看护及所有欧洲列强对他持续关注中。"拿破仑多次对他们说:"我不能作为毫不知名的人生活。我宁愿做一个囚犯,也不愿自由地生活在美国。"据蒙托隆说,拿破仑担心如果他去了美国,会被暗杀或被遗忘。他还希望伦敦或巴黎的政权更迭能结束对他的囚禁。他对古尔戈说:"路易十八死后,可能会有大事发生。如果霍兰勋爵出任英国首相,他们可能会把我带回欧洲。但我最希望摄政王去世,这样年轻的夏洛特公主就能登上英国王位。她会把我带回欧洲的。"

拿破仑于1821年5月5日在圣赫勒拿岛逝世,享年51岁。19年后,他的遗体终于被运回法国,安置在巴黎荣军院。

▲ 拿破仑·波拿巴于朗伍德府邸中去世

如果拿破仑赢了滑铁卢战役……

这是历史上最伟大的假设之一。
假如法军在滑铁卢战役中取得胜利,会改变历史进程吗?

如果拿破仑赢了滑铁卢战役,会发生什么呢?

艾伦·福里斯特:他一定会攻占布鲁塞尔,也可能会试图向莱茵河和斯凯尔特河的边界推进。但长期来看,是不可能成功的。他肯定会在几周或几个月内战败,因为尽管英国人、荷兰人、比利时人和普鲁士人都参与了滑铁卢战役,但奥地利人和俄国人都没有参战,他们有15万到20万的军队在待命。沙皇尤其希望拿破仑消失。他相信,如果拿破仑继续逍遥法外,欧洲不可能和平。

马克·阿德金:我想拿破仑享受成功的喜悦应该不会超过几个星期。如果拿破仑打了胜仗,威灵顿就会撤出剩余部队,而拿破仑就不得不匆忙赶回巴黎。盟军会一直等奥地利和俄国军队赶到,这时英军和普鲁士军的元气也恢复了,就会又联合起来。拿破仑根本没有多少机会。

最重要的是,法国人民在 1815 年已经厌倦了战争;他们最希望和平,很少有人相信拿破仑能实现这一点。

▼ 即使拿破仑在滑铁卢取得了胜利，巴黎也可能被占领，这位皇帝也可能被处决

艾伦·福里斯特

约克大学现代历史名誉教授。他写了许多关于法国大革命和拿破仑历史的书，包括《拿破仑的追随者：法国大革命和帝国时期的兵》，以及《拿破仑传》。他还为牛津大学出版社的《伟大的战役》系列丛书撰写了一本关于滑铁卢战役的书，该书于2015年滑铁卢战役200周年之际出版发行。

马克·阿德金

军事历史学家。他在英国陆军服役18年，其中在太平洋殖民服务局服役10多年。退役后，他开始写作。他是《滑铁卢指南：世界上最著名的陆地战役的完整指南》《西线战事指南》的作者。他还写了《夏普指南》，把伯纳德·克伦威尔的夏普小说置于历史背景中。

在滑铁卢参战的军队

法国	英国	普鲁士
统帅	统帅	统帅
拿破仑·波拿巴	威灵顿公爵	陆军元帅冯·布吕歇尔
士兵人数	士兵人数	士兵人数
55000	56000	49000
枪炮数	枪炮数	枪炮数
256	156	134
骑兵人数	骑兵人数	骑兵人数
14000	11000	19800

实际战事与假想战事有何不同

实际战事

1813年

● **莱比锡战役**
在莱比锡战役中,拿破仑第一次被由俄罗斯、普鲁士、奥地利和瑞典组成的盟军击败。他被迫返回法国,但盟军仍在追击他。
1813年10月16日

● **拿破仑退位**
在被第六次反法同盟军击败后,拿破仑被放逐到厄尔巴岛。波旁王朝复辟:路易十八成为法国国王。
1814年4月11日

● **百日王朝开始**
拿破仑逃离了厄尔巴岛,在法国登陆后,说服了派来拦截他的军团,使他们加入到他的队伍中,一起向巴黎进军。当他北上时,更多的士兵投奔他。路易十八逃往荷兰。
1815年2月26日

● **维也纳会议**
参加维也纳会议的奥地利、英国、法国、俄罗斯和普鲁士的代表宣布拿破仑为"法外之徒"。这标志第七次反法同盟战争开始。
1815年3月13日

● **滑铁卢战役**
当米歇尔·内伊与威灵顿在四臂村进行拉锯战时,拿破仑在利尼与普鲁士军交火。与普鲁士军的战斗是至关重要的,因为一旦拿破仑获胜,他就可以集中所有兵力对付英军。
1815年6月16日至18日

实际战事

假想战事

● **拿破仑击败威灵顿**
打败普鲁士军后,拿破仑等待地面干了后,调动炮兵和骑兵向滑铁卢的盟军发起进攻。面对巨大伤亡,威灵顿撤到布鲁塞尔的英军驻防处。
1815年6月18日至19日

> **大部分老兵对拿破仑非常忠诚……他付给他们丰厚的报酬。**

为什么拿破仑在滑铁卢会战败？

马克·阿德金：拿破仑遇到一个大问题。他被许多国家包围着，而这些国家都不顾一切地想除掉他。一旦他在巴黎站稳脚跟，他将面临着4个主要威胁：在比利时的威灵顿麾下的英荷联军、德国布吕歇尔麾下的普鲁士军、巴克莱·德·托利麾下的俄军，以及施瓦岑贝格麾下的奥地利军。近50万人全副武装，计划攻占巴黎。拿破仑唯一可能获胜的方法就是最大限度地利用俄国和奥地利尚未到达的时间。当他们向法国挺进时，他必须趁机对付其他的几个威胁，尤其是威灵顿和布吕歇尔。他想在利尼先打败普鲁士军，同时派一支小分队牵制威灵顿。普鲁士军一旦被打败，他就可以把全部兵力集中起来对付威灵顿。他在利尼战役中取得了部分成功，他的战略奏效了，分裂了两个盟国。他先攻打普鲁士军，打败了他们，但没有歼灭他们。拿破仑让他们撤退，恢复了元气，这是个错误。拿破仑允许他们向北而不是向东撤退，他们向北撤退后调转方向，重新加入了威灵顿的军队。

艾伦·福里斯特：拿破仑不可能找到大量增援的士兵，只能依靠法国人孤军奋战。当他在厄尔巴岛时，法国已经废除了征兵制度。只要盟军联合起来对付他，他就会寡不敌众。而且在利尼战役取胜后，他未能充分利用自己的优势。这是一个致命的错误。

威灵顿打败拿破仑
拿破仑企图在普鲁士军到来之前，主动进攻以消灭威灵顿的中军。然而，等到地面变干，布吕歇尔到来时，他才开始进攻，一切都太晚了。拿破仑撤退。
1815年6月19日

巴黎抵触拿破仑
滑铁卢战役结束3天后，拿破仑战败返回，发现民众不再支持国家进行抵抗。虽然他的兄弟吕西安认为他仍然可以通过解散议会来夺取政权，但拿破仑意识到了民众的变化。他退位，让位给他的儿子。
1815年6月22日

拿破仑被流放到圣赫勒拿岛
拿破仑被流放到偏远的圣赫勒拿岛，不享受任何他在厄尔巴岛上享有的特权。他于1821年去世。
1815年10月23日

处决米歇尔·内伊
参加滑铁卢战役的元帅米歇尔·内伊被处决。这是对拿破仑支持者的一个警告。
1815年12月7日

奥俄联军入侵
奥俄联军围攻巴黎，最终击溃法军。巴克莱·德·托利凭借1814年攻陷巴黎的经验大获全胜。
1815年7月

百日王朝结束
在临时政府总统暗示他应该离开巴黎后，拿破仑离开了首都。不久，格拉夫·冯·齐腾率领的普鲁士第1军团进入巴黎，击败了法军。路易十八复辟。
1815年7月8日

拿破仑投降
在英国海军阻止他乘船去美国后，拿破仑向"柏勒罗丰号"的船长马他伦爵士投降，并被送回英国。
1815年7月15日

再次当上皇帝
旋回到巴黎的拿破仑解散议会，攫取独裁权力以更好地捍卫巴黎，使其免受袭击，没有遭到反对。
1815年6月21日

处决拿破仑
拿破仑投降后，盟国允许路易十八处决拿破仑，因为他们相信他会对欧洲的和平构成威胁。然而，此举分裂了法国，拿破仑成为了殉道者。
1815年7月

波拿巴之春
拿破仑在百日王朝期间所承诺的宪法改革鼓舞了波拿巴支持者。他们对处决拿破仑非常愤怒，抗议波旁王朝在巴黎的统治。
1815年7月15日

内战爆发
追随拿破仑的将军和官员的幻想破灭。他们利用民众亲波拿巴的情绪来攫取权力。事件升级，导致法国爆发内战。
1815年9月

大英帝国的崛起
英国占领了被法国遗弃的殖民地，同时由于法国无法平衡欧洲的力量，加速了英国和俄国在克里米亚的战争。
19世纪中叶

如果拿破仑在利尼拦截了普鲁士军,他会在滑铁卢击败英国人吗?

马克·阿德金:威灵顿知道普鲁士人要来了;他知道他们会信守诺言,所以他才守在滑铁卢,保卫山脊。如果他认为普鲁士人不会来,那么他很可能会撤退,等着和普鲁士人联合,这样滑铁卢战役就不会发生,至少不会在那里发生。所以,最关键的是普鲁士人的到来。他们的到来使这场战役的胜负成了定局。

法国人民支持拿破仑从厄尔巴岛回来吗?

艾伦·福里斯特:最重要的是,法国人民在1815年已经厌倦了战争;他们最希望和平,很少有人相信拿破仑会实现这一点。而且,人们对波旁王朝并无热情,当然也不愿回到旧政权。人们担心波旁王朝会试图恢复贵族和神职人员先前的那种权力。拿破仑在帝国鼎盛时期曾被奢华和财富包围着,但当1815年从厄尔巴岛返回时,

▲ 拿破仑被流放到意大利的厄尔巴岛。但他重返巴黎,自立为帝

他试图将自己描绘成军队中的小下士，凭借个人才华晋升为指挥官，但本质上他仍然是人民中的一员。这真正地体现了1789年革命的理念。事实证明，这是一个聪明的策略。

马克·阿德金：大部分老兵对拿破仑都非常忠诚。在所有战役中，拿破仑提高了法国普通士兵的地位。他非常慷慨，付给他们丰厚的报酬。当他从厄尔巴岛回来时，我想，那些被波旁王朝赶出军队的成千上万的士兵，已经一无所有，也不再是从前的头等公民了，所以他们投奔到拿破仑那里。

如果拿破仑承诺放弃他的帝国野心，是否可以通过谈判保住他在法国的执政地位，而不是被盟军重新恢复波旁王朝？

马克·阿德金：从厄尔巴岛逃出来后，一开始他试图这样做。当时，他试图让欧洲列强相信他希望避免战争，他会放弃对比利时、荷兰、德国和波兰的所有主权要求。当然，他没有成功。

艾伦·福里斯特：这根本不现实。俄国不会允许，我也不确定英国是否会允许。然而，英国确实希望法国是一个独立自主的欧洲强国，为和平起到均衡各方势力的作用。英国意识到普鲁士民族主义的猖獗，也非常清楚俄国所构成的威胁，尤其是在巴尔干半岛和东地中海地区。英国尤其需要保持与印度的交通线。1815年，英国是一个新崛起的世界强国，俄国人也意识到了这一点。所以他们也需要保护法国的地位，但这也意味着他们必须确保法国是国际社会中负责任的一员。出于这个原因，他们必须除掉拿破仑。其他人在那里并不重要，波旁家族也可以，但他们不希望拿破仑扮演这个角色。

如果他们不接受拿破仑作为法国的统治者，盟军还会冒着他有可能再次逃跑的风险把他流放到圣赫勒拿岛吗？

艾伦·福里斯特：拿破仑在滑铁卢战败后害怕落入波旁家族手中，因此向英国人投降，就是希望他能在英国被软禁起来。换句话说，英国人会对他彬彬有礼，带着一丝尊重。但据我们所知，英国人拒绝了他的提议，将他流放到南大西洋一个远离欧洲的偏远岛屿——圣赫勒拿岛，他几乎不可能从那里逃离。在法国，他可能面临叛国罪的审判，甚至可能会被处以死刑，就像米歇尔·内伊和他的其他忠诚副官所经历的。但这样处置拿破仑并非没有危险。当政者有可能会把他变成政治殉道士。而且，考虑到他的追随者对他的忠诚，他肯定会成为殉道士。

我想，盟军在1815年不得不小心翼翼地处置拿破仑。因为处置不当，会有很大风险。他们有可能使他成为一个殉道士。在此过程中，法国可能会分裂，可能会长期不稳定。

如果法国动荡不安，并且无法成为平衡欧洲的力量，这将如何改变历史？

艾伦·福里斯特：英国在19世纪是世界的主导力量，不管怎么说，确实如此。下一个挑战，除了在中国的侵略战争外，便是克里米亚战争。

滑铁卢：
19世纪的转折点

拿破仑在滑铁卢战败开启了欧洲的和平时代，
并见证了大英帝国建立其霸权。
这场战役也渐渐成为了人们口中的俗语……

尽管盟军1815年6月18日的胜利被整个欧洲视为一个分水岭，但战争的参与者一开始并未能就战役的名称达成共识。普鲁士陆军元帅格布哈德·列博莱希特·冯·布吕歇尔对"佳姻（美好联盟）"的浪漫色彩非常着迷。在拿破仑战败的当天晚上，他建议以"佳姻庄会战"作为这场战役的名称。

这激发了普鲁士人的想象力，促使官员将柏林最著名的公共场所改名为"佳姻广场"，而"佳姻庄会战"一直到20世纪都出现在德国历史书中。

然而，法国人更喜欢另一个称谓。对一些人来说，这就是著名的"苏瓦涅战役"——以战役所发生的地区命名。与此同时，许多巴黎的出版物都把这场战役称为"圣让山会战"，拿破仑也很喜欢这个名字。圣让山使人回想起法军骑兵在战斗最激烈的时候，向山坡背面的英军步兵方阵发起进攻的情景。这是维克多·雨果在1862年出版的《悲惨世界》中所使用的战役名称。

在战斗中，法国陆军元帅让·德迪乌·苏尔特在他的一份公文中使用了"滑铁卢战役"这个标题。这名字也得到了威灵顿的认可，他从滑铁卢村发出了胜利的公文。

威灵顿更喜欢用"滑铁卢"这个名字，因为他认为对他的英国军队来说滑铁卢是更容易用母语发音的一个词，而这个名字也已被载入史册。

威灵顿对战役名称的偏好也获得了胜利，这也证明了英国在拿破仑战败后成为了世界超级大国。滑铁卢战役是改变历史进程的真正转折点，甚至连法国作家雨果也承认，"滑铁卢是19世纪的转折点"。雨果是拿破仑梦想的倡导者，他把战场称为"惨淡的平原"。这场战役的余波至今仍在回响。

▲ 1815年维也纳会议

英国霸权确立

18世纪下半叶，英法之间发生了激烈而血腥的霸权争夺战，法国被广泛认为是欧洲真正的超级大国。法国在七年战争（1756—1763）中，被赶出北美。但在美国独立战争（1775—1783）中，法国与乔治·华盛顿结盟，并击败英国，法国得以报仇雪恨。

随之而来的是革命战争，这些战争一直左右着欧洲，直至滑铁卢战役结束。拿破仑的失败结束了这些冲突，并确保了英国在欧洲的霸权。英国利用自己的海军力量成为占主导地位的帝国巨人。

维也纳会议将法国的许多财产分给了欧洲各国，而其他的则归还给了原来的主人。英国占领了非洲南部的开普殖民地、多巴哥、锡兰，以及非洲和亚洲的一些殖民地。英国在当时表现出很强的战略敏锐性，将它们作为中转基地，使帝国迅速崛起。

当英国的实力在全球范围内增长时，欧洲因这场战役开启了一段长期的和平与繁荣时期，被

> 在比利时滑铁卢附近9个小时的杀戮永远地改变了历史的进程。

滑铁卢车站

在所有纪念这场著名战役的纪念建筑物中，伦敦的滑铁卢车站可能是最著名的。伦敦西南铁路公司于1848年在九榆树火车站的主干线的延伸线上建造了最初的滑铁卢车站。九榆树火车站是19世纪30年代伦敦主要的终点站。滑铁卢车站的规模在整个19世纪和20世纪被不断扩大，并在千禧年后不久被重新翻修。目前，它每年能接纳9000万乘客，是英国最繁忙的火车站，也是全英最大的车站，占地面积约25英亩。

1994年，连接英国和欧洲的"欧洲之星"服务新平台开始建设，这引发了许多法国政界人士的愤怒。弗洛朗·隆盖佩在1998年写信给时任英国首相的托尼·布莱尔，称法国人在抵达伦敦时会想起拿破仑的战败景象，令人感到沮丧。尽管他的抗议很敏感，但英国政府还是保留了车站的名字。然而，在高速铁路系统开通后，滑铁卢车站在2007年关闭，欧洲之星的服务平台也转移到圣潘克拉斯时，这个问题得到了解决。

▲ 滑铁卢车站于1848年7月11日启用。目前是英国最大、最繁忙的车站之一

称为"不列颠和平"。随着法国难以驾驭的力量最终被阉割，英国皇家海军统治着海洋，其外交政策主要集中在确保欧洲稳定的政治气候上。毕竟，只有拥有一个有效的欧洲联盟网，英国才能专注于扩张其帝国版图。

虽然英国在滑铁卢战役后经济繁荣，但布吕歇尔钟爱的"佳姻"（美好联盟）也为北约（NATO）和联合国（United Nations）的成立奠定了基础。正如前文所述，威灵顿的军队中只有约36%的士兵是英国人，其余是比利时人、荷兰人，以及德意志公国的士兵。

北约与联合国

此外，布吕歇尔率领的5万人的普鲁士军所取得的成就是任何人都不能忽视的。事实上，欧洲列强集结后拥入比利时战场的这一行动让英国陆军元帅、前国防参谋长彭英武勋爵把滑铁卢战役称为"北约的第一次行动"。

联合国的历史也可以追溯到这场战役。当温斯顿·丘吉尔谈到珍珠港事件后盟军的意图时，他引用了拜伦勋爵的诗作《蔡尔德·哈罗德朝圣之旅》第34节中的一句话。这首诗是在威灵顿获胜后不久发表的。"在这里，"诗人写道，"联合国拔出了剑……"

如果说滑铁卢战役为这两个国际组织打下了坚实的基础，那么它也对欧洲的未来产生了深远的影响。事实证明，这场战役也是一场政治理念的冲突。拿破仑希望在整个欧洲大陆建立一个由他自己统治的国家。与此同时，各个盟国也为自

▲《蔡尔德·哈罗德朝圣之旅》1825年版扉页

己的国家而战。20世纪下半叶，许多思想家和政界人士主张成立一个欧洲国家，但是英国脱欧和目前欧洲大部分地区的政治气候表明这种情况在近期不会实现。

滑铁卢战役的另一个遗产是普鲁士军的作用及它的胜利对该国的影响。战争结束后，普鲁士军对法国的好战态度，以及夺回有争议领土的渴望，增强了其民族情感。普鲁士认为自己是天生统一德意志的领袖。德意志帝国在1871年建

战争结束后，全英各地出现许多纪念地标，其中最著名的无疑是伦敦火车站。

▲ 法国著名作家维克多·雨果的伟大长篇小说《悲惨世界》中有一章是这场战役的插曲。雨果的父亲曾在拿破仑的军队里服役

立,其一次权力滥用最终导致第一次世界大战爆发和纳粹党在20世纪30年代和第二次世界大战期间崛起。

这场战役对美国的影响同样深远。美国从英法两国的冲突中获益良多,并利用两国的不和谐来维护本国的独立。随着美国经济的增长及和平氛围,至少有一段时间,美国谷物和棉花及其他出口产品安全地穿越大西洋到达欧洲,提高了美国在世界上的经济地位。没过多久,美国就发展成为超级大国和令人敬畏的对手。

流行文化中的滑铁卢

即使在今天,滑铁卢战役仍然以多种形式存在于人们的日常生活中。战役结束后,全英各地涌现出许多纪念建筑物,其中最引人注目的就是伦敦火车站。这场战役也出现在人们的语言中,美国改革家和废奴主义者温德尔·菲利普斯在1859年于布鲁克林的一次演讲中宣称,"每个人最终都会遭遇滑铁卢"。这句话时至今日仍在流传。

另一句著名的话,经常被误认为是源自威灵顿,指的是伊顿公学操场上赢得的胜利。然而,这似乎源自乔治·奥威尔的笔下。他在《狮子与独角兽》(1941)中写道:"滑铁卢的胜利只不过是伊顿公学操场上的胜利,但随后所有战争的开战都在那里输掉了。"

这场战役也出现在一系列小说中,如维克多·雨果的《悲惨世界》。威廉·梅克皮斯·萨克雷的《名利场》(1848)也有几章描写了这场战役。福尔摩斯的作者阿瑟·柯南·道尔在小说《杰勒德历险记》(1903)中的一个章节,包含了两个短篇故事,其标题为"陆军准将是如何在滑铁卢表现自己"。

还有更多的文学作品可以追溯到滑铁卢战役,包括温斯顿·格雷厄姆在波达克系列中的《扭曲的剑》(1990)。它全面讲述了虚构的家庭成员参与战役的故事。而伯纳德·克伦威尔的《夏普的滑铁卢》(1990)是他的夏普系列的第11部,也是最后一部小说,该小说将他的英雄设定在现实中的奥兰治亲王的幕僚中。这个故事也被部分改编为电视剧,由肖恩·比恩饰演夏普。

另有一大批关于滑铁卢的纪录片、电视剧

和电影，以及棋盘游戏和视频游戏。这场战役也被音乐家铭记，像"石墙"杰克逊（Stonewall Jackson）、比吉斯乐队（the Bee Gees）、奇想乐队（The Kinks）、冰冻地球乐队（Iced Earth）。这些乐手乐队都曾把"滑铁卢"这个词纳入到歌曲的名字中。

当然，到目前为止，最著名的歌曲是瑞典流行组合ABBA的《滑铁卢》。凭借这首歌赢得了1974年欧洲电视歌唱大赛的冠军。歌词是这样的："天啊，天啊，拿破仑在滑铁卢投降了。哦，是的，我也差不多以同样的方式认命吧。"不足为奇的是，ABBA以这支热门单曲命名了他们的第一张国际专辑。直到今天，这场伟大战役的名字仍然在电波中回响。

> 1821年5月5日，拿破仑·波拿巴在安热·维尼亚利神父面前忏悔后死去。一些历史学家声称，他最后的遗言是"France, làrmée, tête dàrmée, Joséphine"（法兰西，军队，军队的首领，约瑟芬）。他被安葬在圣赫勒拿岛的柳树谷，直到1840年，在路易·菲利普一世的要求下，他的遗体才被运回法国。

图片所属

页11   © Alamy； Getty
页17   © Getty
页31   Image: Alamy
页45   © Alamy
页57   © Alamy, Mary Evans, Getty, Rex Features
页95   Image: Alamy
页98   Image: Getty
页99   Image: Alamy
页109   © Alamy
页119   © Alamy
页133   © Alamy
页149   © Alamy； TopFoto
页173   © Getty
页189   © Alamy, Getty Images, Leemage, TopFoto
页190   © Amro Ashry
页199   © Getty